The LITTLE BLACK SONGBOOK

OASIS

ISBN: 978-1-84772-237-9

HAL•LEONARD®

Visit Hal Leonard Online at
www.halleonard.com

World headquarters,contact:
Hal Leonard
7777 West Bluemound Road
Milwaukee, WI 53213
Email: info@halleonard.com

In Europe, contact:
Hal Leonard Europe Limited
1 Red Place
London, W1K 6PL
Email: info@halleonardeurope.com

In Australia, contact:
Hal Leonard Australia Pty. Ltd.
4 Lentara Court
Cheltenham, Victoria, 3192 Australia
Email: info@halleonard.com.au

Acquiesce

Words & Music by
Noel Gallagher

A7 D/F♯ G F E Fsus2/C C E♭ fr6

Intro   ‖: A7 | D/F♯ G | A | D/F♯ G :‖

Verse 1

   A7   D/F♯ G
I don't know what it is that makes me feel   alive,

   A7   D/F♯ G
I don't know how to wake the things that sleep inside,

   A7   D/F♯   G   A7 D/F♯ G
I only want to see the light that shines behind your eyes.

   A7   D/F♯   G
I hope that I can say the things I wish I'd said,

   A7   D/F♯   G
To see myself asleep and take me back to bed,

    A7   D/F♯ G   A7   G D/F♯ G F E
Who wants to be alone when we can feel alive instead?

Chorus 1

                    Fsus2/C C   G
Because we need   each other,

              Fsus2/C C   G
We believe   in one another,

                 Fsus2/C C   G
And I know we're   gonna uncover

                            Fsus2/C   C G
What's sleeping in our soul. _____

                    Fsus2/C C   G
Because we need   each other,

              Fsus2/C C
We believe   in one another,

                 Fsus2/C C   G
And I know we're   gonna uncover

                              Fsus2/C   C G
What's sleeping in our soul. _____

                          A   G D/F♯ F E
What's sleeping in our soul. _____

Verse 2

A⁷   D/F♯   G
There are many things that I would like to know,

      A⁷   D/F♯   G
And there are many places that I wish to go,

       A⁷   D/F♯   G   A⁷   D/F♯ G
But everything's depending on the way the wind may blow.

      A⁷   D/F♯ G
I don't know what it is that makes me feel alive,

      A⁷   D/F♯   G
I don't know how to wake the things that sleep inside,

      A⁷   D/F♯   G   A⁷ G D/F♯ F E
I only want to see the light that shines behind your eyes.

Chorus 2

                     Fsus2/C C   G
Because we need   each other,

                Fsus2/C C   G
We believe   in one another,

                     Fsus2/C C   G
And I know we're   gonna uncover

                            Fsus2/C   C G
What's sleeping in our soul. _____

                     Fsus2/C C   G
Because we need   each other,

                Fsus2/C C   G
We believe   in one another,

                     Fsus2/C C   G
And I know we're   gonna uncover

                            Fsus2/C C G
What's sleeping in our soul. _____

                             Fsus2/C C G
‖: What's sleeping in our soul. _____   :‖ *Play 3 times*

Outro

                    Fsus2/C   C G
‖: 'Cause we believe. _____   :‖ *Play 6 times*

                   Fsus2/C   C G
Because we need. _____

                   Fsus2/C   C G
Because we need. _____

| Fsus2/C | C | E♭ | C | G | ‖

(As Long As They've Got) Cigarettes In Hell

Words & Music by
Noel Gallagher

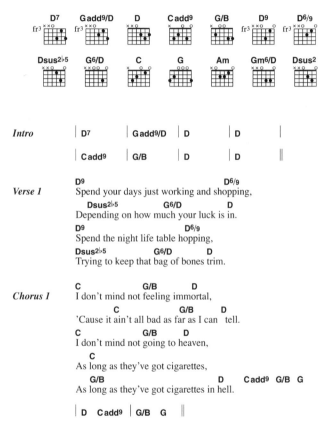

Intro		D7		Gadd9/D		D		D		
		Cadd9		G/B		D		D		

Verse 1

  D9   D6/9
Spend your days just working and shopping,

     Dsus2♭5   G6/D   D
Depending on how much your luck is in.

  D9   D6/9
Spend the night life table hopping,

Dsus2♭5   G6/D   D
Trying to keep that bag of bones trim.

Chorus 1

  C   G/B   D
I don't mind not feeling immortal,

       C   G/B   D
'Cause it ain't all bad as far as I can tell.

  C   G/B   D
I don't mind not going to heaven,

     C
As long as they've got cigarettes,

    G/B   D   Cadd9 G/B G
As long as they've got cigarettes in hell.

	D	Cadd9		G/B	G		

Verse 2

D9   D6/9
And by the time they start getting used to

Dsus2♭5   G6/D   D
The dirt that's forming on the window sill.

D9   D6/9
Now we know we've got ourselves into

Dsus2♭5   G6/D   D
The cage that keeps the mice on the treadmill.

Chorus 2

C   G/B   D
I don't mind not feeling immortal,

          C   G/B   D
'Cause it ain't all bad as far as I can   tell.

         C   G/B   D
And I don't mind not going to heaven,

       C
As long as they've got cigarettes,

     G/B   D   Cadd9 G/B G
As long as they've got cigarettes in hell.

| D   Cadd9 | G/B   G   ‖

Solo

‖: D   Am | C   G | D   Am | C   G :‖ D | D   ‖

Chorus 3

Cadd9   G/B   D
I don't mind not feeling immortal,

          Cadd9   G/B   D
'Cause it ain't all bad as far as I can   tell.

Cadd9   G/B   D
I don't mind not going to heaven,

       Cadd9
As long as they've got cigarettes,

     G/B   D
As long as they've got cigarettes in hell.

Coda

| D7 | G6/D | Gm6/D | D |

| Cadd9 | G/B | D | D |

| Dsus2 | Dsus2 | Dsus2 | G/B Cadd9 | D   ‖

Be Here Now

Words & Music by
Noel Gallagher

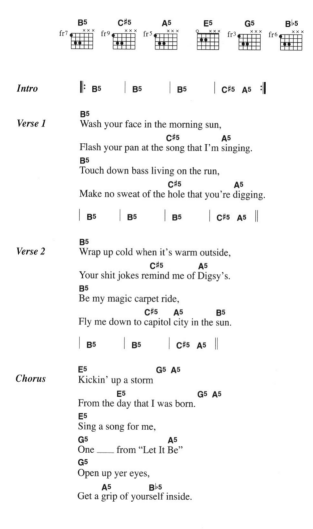

Intro ‖: B5 | B5 | B5 | C#5 A5 :‖

Verse 1
B5
Wash your face in the morning sun,
            C#5   A5
Flash your pan at the song that I'm singing.
B5
Touch down bass living on the run,
            C#5   A5
Make no sweat of the hole that you're digging.

| B5 | B5 | B5 | C#5 A5 ‖

Verse 2
B5
Wrap up cold when it's warm outside,
                C#5   A5
Your shit jokes remind me of Digsy's.
B5
Be my magic carpet ride,
                C#5   A5   B5
Fly me down to capitol city in the sun.

| B5 | B5 | C#5 A5 ‖

Chorus
E5   G5 A5
Kickin' up a storm
            E5   G5 A5
From the day that I was born.
E5
Sing a song for me,
G5   A5
One ___ from "Let It Be"
G5
Open up yer eyes,
        A5   B♭5
Get a grip of yourself inside.

Link | B5 | B5 | B5 | C#5 A5 ‖

Verse 3

B5
Wash your face in the morning sun,

         C#5   A5
Flash your pan at the song that I'm singing.

B5
Touch down bass living on the run,

            C#5   A5
Make no sweat of the hole that you're digging.

| B5 | B5 | B5 | C#5 A5 ‖

Chorus 2   As Chorus 1

Solo | B5 | B5 | A5 | E5 |
            Inside.   *Get a grip inside.___*

| B5 | B5 | A5 | E5 |
            Get a grip inside. ___   *You betcha!*

| B5 | B5 | A5 | E5 |

| B5 | B5 | A5 | E5 ‖

| B5 | B5 | B5 | B5 ‖

Verse 4

B5
So wrap up cold when it's warm outside,

            C#5   A5
Please sit down, you make me feel giddy.

B5
Be my magic carpet ride,

       C#5   A5
Fly me down to capitol city.

Chorus 3   As Chorus 1

Outro | B5 | B5 | A5 | E5 |
                        Get a grip inside.___

‖: B5 | B5 | A5 | E5 :‖
        Get a grip inside.___   *Get a grip inside.*

‖: B5 | B5 | A5 | E5 :‖
   C'mon, c'mon etc.   *Yeah, yeah, yeah.*

‖: B5 | B5 | A5 | E5 :‖
        Yeah, yeah, yeah.   *Yeah, yeah, yeah.*

| B5 | B5 | A5 | E5 |
   C'mon, c'mon etc.   *Yeah, yeah, yeah.*

| B5 ‖

A Bell Will Ring

Words & Music by
Gem Archer

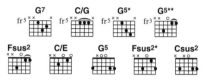

Tune guitar down a tone

Intro	G7	C/G	G5*	G5*	
	G7	C/G	G5*	G5*	
	Fsus2	C/E G5	G5	

G5
Verse 1   A little space, a little time,
Fsus2   G5
See what it can do.

A little faith, peace of mind,
Fsus2   G5
See what passes through.

                    Fsus2
Chorus 1   The sun will shine on you again,
            G5   Fsus2
A bell will ring in - side your head,
                        G5
And all will be brand new.

Link	G5	G5	G5	G5	

Verse 2

G5
Come alive, come on in,

      Fsus2*   **G5**
Here's something that you know.

The world's as wide as your life is thin,

    Fsus2*   **G5**
So entertain your goals.

Chorus 2

     Fsus2*   **Csus2**
The sun will shine on you again,

    G5   **Fsus2***
A bell will ring in - side your head,

      Csus2   **G5 Fsus2 Csus2**
And all will be brand new.

 G5   **Fsus2 Csus2 G5**
All will be brand new.

Verse 3

   G5
I can tell you what you wanna hear,

    Fsus2*   **G5**
I've been there once be - fore.

You pulled me through the empty nights,

Fsus2*   **G5**
Sleepless on your floor.

Chorus 3

     Fsus2*   **Csus2**
The sun will shine on you again,

    G5   **Fsus2***
A bell will ring in - side your head,

      Csus2   **G5 Fsus2 Csus2**
And all will be brand new.

 G5   **Fsus2 Csus2**
And all will be brand new.

    G5   **(G7)**
And all will be brand (new.)

Outro

G7	**C/G**	**G5***	**G5***
new.			
G7	**C/G**	**G5****	**Fsus2**
C/E	**G5**	**G5**	**Fsus2**
C/E	**G5**		

11

Better Man

Words & Music by
Liam Gallagher

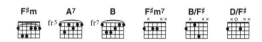

F#m   A7   B   F#m7   B/F#   D/F#

Intro | N.C. | N.C. ‖

Verse 1

    F#m
    I wanna love you,
F#m   **A7** | **A7** |
    I wanna be a better man.
    F#m
     I don't wanna hurt you
                            A7 | **A7** |
I just wanna see what's in your hands.

Chorus 1

       F#m
But all right now, (yeah),
     A7
Yeah, yeah, yeah, (ah).
     F#m
Well alright now, (yeah),
    A7
Yeah, yeah, yeah, (ah).
B   **A7**   **F#m** | **F#m** |
Oh,___ and I know you'll understand.
B   **A7**   **F#m**
Oh,___ and I know you'll understand.

Ooh, ooh.

Verse 2

F♯m
    I wanna love you,

F♯m   A7 | A7 |
    I wanna be a better man.

F♯m
    I don't wanna hurt you

                  A7 | A7 |
I just wanna see what's in your hands.

Chorus 2

        F♯m
Well all right now, (yeah),

     A7
Yeah, yeah, yeah, (ah).

       F♯m
Well alright now, (yeah),

     A7
Yeah, yeah, yeah, (ah).

B   A7   F♯m | F♯m |
Oh,___ and I know you'll understand.

B   A7   F♯m
Oh,___ and I know you'll understand.

Ooh, ooh.

Ooh, ooh.

Ooh, ooh.

Instrumental | F♯m | F♯m7 | B/F♯ | D/F♯ ||

Outro

     F♯m
||:   I wanna be a better man.

     F♯m7   B/F♯ | D/F♯
    I wanna be a better man.   :|| *x4*

     F♯m   F♯m7 B/F♯ | D/F♯ |
||: Yeah,_____

     F♯m   F♯m7 B/F♯ | D/F♯ |
   Ah._____   :|| *x4*

| F♯m | F♯m7 | B/F♯ | D/F♯ |

| F♯m | F♯m7 | B/F♯ | D/F♯ | F♯m ||

Born On A Different Cloud

Words & Music by
Liam Gallagher

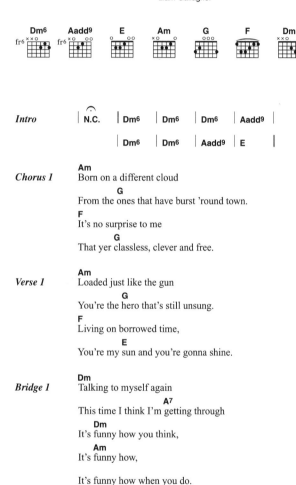

Intro   N.C. | Dm6 | Dm6 | Dm6 | Aadd9 |

Dm6 | Dm6 | Aadd9 | E |

Chorus 1

Am
Born on a different cloud

G
From the ones that have burst 'round town.

F
It's no surprise to me

G
That yer classless, clever and free.

Verse 1

Am
Loaded just like the gun

G
You're the hero that's still unsung.

F
Living on borrowed time,

E
You're my sun and you're gonna shine.

Bridge 1

Dm
Talking to myself again

A7
This time I think I'm getting through

Dm
It's funny how you think,

Am
It's funny how,

It's funny how when you do.

Chorus 2   As Chorus 1

Guitar solo

| Am | Am | G | G | |
| F | F | E | E | ‖ |

Bridge 2

G
Lonely soul,

           Am
Busy working overtime.
G
Nothing ever gets done,

               Am
'Specially when your hands are tied.
G
Lonely soul

          Am
Baking up your mother's pride
G
Nothing ever gets done,
E
Not until your war's won.

Chorus 3

        Am
We're born on a different cloud,
      (G)
We're born on a different cloud,
      (F)
We're born on a different cloud,
     (G)
We're born on a different cloud.

Chorus 4

       Am
‖: We're born on a different cloud,
    G
We're born on a different cloud,
   F
We're born on a different cloud,
    G
We're born on a different cloud. :‖ *Repeat 3 times and fade*

Bring It On Down

Words & Music by
Noel Gallagher

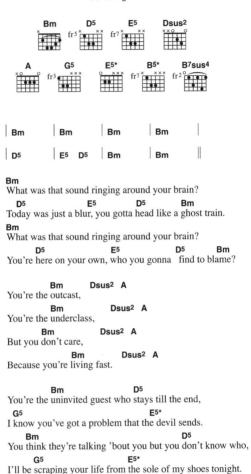

Intro

| Bm | Bm | Bm | Bm | |
| D5 | E5 D5 | Bm | Bm | |

Verse 1

Bm
What was that sound ringing around your brain?
D5   E5   D5   Bm
Today was just a blur, you gotta head like a ghost train.
Bm
What was that sound ringing around your brain?
       D5   E5   D5   Bm
You're here on your own, who you gonna   find to blame?

Bridge 1

            Bm   Dsus2 A
You're the outcast,
            Bm   Dsus2 A
You're the underclass,
            Bm   Dsus2 A
But you don't care,
              Bm   Dsus2 A
Because you're living fast.

Chorus 1

            Bm   D5
You're the uninvited guest who stays till the end,
G5   E5*
I know you've got a problem that the devil sends.
      Bm   D5
You think they're talking 'bout you but you don't know who,
      G5   E5*
I'll be scraping your life from the sole of my shoes tonight.

Solo ‖: Bm | D5 | G5 | E5* :‖

‖: Bm | Bm | Bm | Bm :‖

Middle

B5
Bring it on down,

Bring it on down for me.
       Dsus2
Your head in a fish tank,
    E5   **D5**   **B5**
Your body and mind can't breathe.
B5
Bring it on down,

Bring it on down for me.
       Dsus2
Your head in a fish tank,
    E5   **D5**   **B5**
Your body and mind can't breathe.

Bridge 2

           Bm   **Dsus2** **A**
You're the outcast,
           Bm   **Dsus2** **A**
You're the underclass,
           Bm   **Dsus2** **A**
But you don't care,
             Bm   **Dsus2** **A**
Because you're living fast.

Chorus 2

           Bm   **D5**
And you're the uninvited guest who stays till the end,
  G5   **E5***
I know you've got a problem that the devil sends.
    Bm   **D5**
You think they're talking 'bout you but you don't know who,
      G5   **E5***
I'll be scraping your life from the sole of my shoes tonight.

Outro ‖: Bm | D5 | G5 | E5* :‖ B7sus4 ‖
                            Play 12 times

All Around The World

Words & Music by
Noel Gallagher

Intro   ‖: B | F♯ | E | G♯m F♯ :‖

Verse 1
> **B**   **F♯**
> It's a bit early in the midnight hour for me,
>
> **E**   **G♯m F♯**
> To go through all the things that I want to be.
>
> **B**   **F♯**
> I don't believe in everything I see,
>
> **E**   **G♯m F♯**
> Y'know I'm blind so why d'you disagree.

Bridge 1
> **C♯**   **E5**
> So take me away 'cos I just don't want to stay
>
> **G♯m**
> And the lies you make me say
>
> **B/F♯**
> Are getting deeper every day.
>
> **G7**   **B**
> These are crazy days but they make me shine,
>
> **E**   **F♯ F E**
> Time keeps rolling by. __

Chorus 1
> **B**   **C♯**
> All around the world, you've got to spread the word,
>
> **E**   **B**
> Tell them what you heard, we're gonna make a better day.
>
> **C♯**
> All around the world, you've got to spread the word,
>
> **E**   **B   A B♭**
> Tell them what you heard, you know it's gonna be O.K.

Verse 2

    B   **F#**
So what you gonna do when the walls come falling down?

    E   **G#m F#**
You never move, you never make a sound.

B   **F#**
Where you gonna swim with the riches that you found?

       E   **G#m**   **F#**
If you're lost at sea I hope that you've drowned.

Bridge 2   As Bridge 1

Chorus 2

               B   **C#**
All around the world, you've got to spread the word,

                      E   **B**
Tell them what you heard, we're gonna make a better day.

                                         C#
All around the world, you've got to spread the word,

                      E   **B**
Tell them what you heard, you know it's gonna be O.K.

Interlude

    B   **C#**
Na na na, na na na na,

         E   **B**
Na na na na, na na na.

             C#
Na na na, na na na na,

         E   **B**   **E**
Na na na na, na na na, ___ ah.

B   **E**   **B**   **E**
Na - ah,   na - ah.

G   **E**
Na na na na, na na na na.

G   **E**
Na na na na, na na na na.

G   **E**
Na na na na, na na na na.

G
Na na na na, na na na na, na na na na na.

Chorus 3

               C   **D**
All around the world, you've gotta spread the word,

                        Fadd9   **C**
Tell 'em what you heard, you're gonna make a better day.

                                          D
'Cos all around the world, you've gotta spread the word,

                        Fadd9   **C**
Tell 'em what you heard, you know it's gonna be O.K.

Chorus 4

               C   **D**
All around the world, you've gotta spread the word,

                 Fadd9   **C**
Tell 'em what you heard, you're gonna make a better day.

                                      D
'Cos all around the world, you've gotta spread the word,

                 Fadd9   **C**
Tell 'em what you heard, you know it's gonna be O.K.

   A   **G**   **A**
‖:   It's gonna be O.K. :‖

A   **G**   **A**
             It's gonna be O.K.   It's gonna be O.K.

Chorus 5

                    D   **E**
‖: All around the world, you've gotta spread the word,

                      G   **D**
Tell 'em what you heard, you're gonna make a better day.

                                      E
'Cos all around the world, you've gotta spread the word,

                    G   **D**
Tell 'em what you heard, you know it's gonna be O.K. :‖

Outro

D   **E**   **G**   **D**
La la la,   la la la,   la la, __ la la la la,   la. __

D   **E**   **G**   **D**
La la la,   la la la,   la la, __ la la la la,   la. __

D   **E**
And I know what I know, what I know, what I know,

      G   **D**
Yeah, I know what I know, it's gonna be O.K.

D   **E**
And I know what I know, what I know, what I know,

      G   **D**
Yeah, I know what I know, it's gonna be O.K.

D   **E**
Yeah I know what I know, and I know what I know,

      G   **D**
Yeah, I know what I know, it's gonna be O.K.

D   **E**
Yeah I know what I know, and I know what I know,

      G   **D**
Yeah, I know what I know, please don't cry, never say die.

 D   **E**   **G**   **D**
‖: La la la,   la la la,   la la, __ la la la la,   la. __ :‖

Repeat ad lib. to fade

Champagne Supernova

Words & Music by
Noel Gallagher

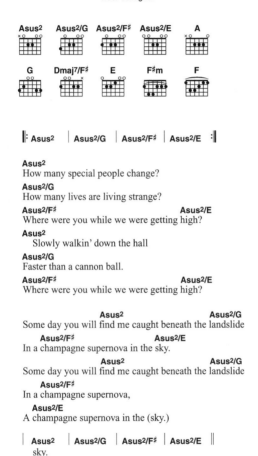

Intro   ‖: Asus² | Asus²/G | Asus²/F♯ | Asus²/E :‖

Verse 1

Asus²
How many special people change?

Asus²/G
How many lives are living strange?

Asus²/F♯   **Asus²/E**
Where were you while we were getting high?

Asus²
   Slowly walkin' down the hall

Asus²/G
Faster than a cannon ball.

Asus²/F♯   **Asus²/E**
Where were you while we were getting high?

Chorus 1

                              Asus²   **Asus²/G**
Some day you will find me caught beneath the landslide

         Asus²/F♯   **Asus²/E**
In a champagne supernova in the sky.

                              Asus²   **Asus²/G**
Some day you will find me caught beneath the landslide

         Asus²/F♯
In a champagne supernova,

         Asus²/E
A champagne supernova in the (sky.)

Link 1 | Asus² | Asus²/G | Asus²/F♯ | Asus²/E ‖
              sky.

Verse 2

Asus2
Wake up at dawn and ask her why

Asus2/G
A dreamer dreams, she never dies.

Asus2/F♯   **Asus2/E**
Wipe that tear away now from your eyes.

Asus2
  Slowly walkin' down the hall

Asus2/G
Faster than a cannon ball.

Asus2/F♯   **E**
Where were you while we were getting high?

Chorus 2

                    A   **G**
Some day you will find me caught beneath the landslide

    Dmaj/F♯   **E**
In a champagne supernova in the sky.

                    A   **G**
Some day you will find me caught beneath the landslide

    Dmaj7/F♯
In a champagne supernova,

    E
A champagne supernova.

Bridge 1

        G   **A**
'Cause people believe that they're gonna get away from the summer,

    G   **D**
But you and I, we live and die, the world's still spinning round.

                E
We don't know why, why, why, why, (why.)

Link 2

| **Asus2** | **Asus2/G** | **Asus2/F♯** | **Asus2/E** |
why.
| **Asus2** | **Asus2/G** | **Asus2/F♯** | **Asus2/E** ‖

Verse 3

Asus2
How many special people change?

Asus2/G
How many lives are living strange?

Asus2/F♯   **Asus2/E**
Where were you while we were getting high?

Asus2
  Slowly walkin' down the hall

Asus2/G
Faster than a cannon ball.

Asus2/F♯   **E**
Where were you while we were getting high?

Chorus 3

            A   **G**
Some day you will find me caught beneath the landslide
Dmaj/F♯   **E**
In a champagne supernova in the sky.

            A   **G**
Some day you will find me caught beneath the landslide
Dmaj7/F♯
In a champagne supernova,
E
A champagne supernova.

Bridge 2

         G   **A**
'Cause people believe that they're gonna get away from the summer,
G   **D**
But you and I, we live and die, the world's still spinning round.
       E
We don't know why, why, why, why, (why.)

Solo

| A | G | F♯m | F G | A | G | F♯m | F G |
  why.   Na na

‖: A | G | F♯m | F G :‖ G | F♯m ‖
  na,   na na,   na na,   na na   na na,   na na

Link 3

| Asus2 | Asus2/G | Asus2/F♯ | Asus2/E |
  na.
| Asus2 | Asus2/G | Asus2/F♯ | Asus2/E ‖

Coda

Asus2
How many special people change?
Asus2/G
How many lives are living strange?
Asus2/F♯   **Asus2/E**
Where were you while we were getting high?
                 Asus2   **Asus2/G**
‖: We were getting high, we were getting high,
             Asus2/F♯   **Asus2/E**
We were getting high, we were getting high, :‖

We were getting (high.)

| Asus2 | Asus2/G | Asus2/F♯ | F | G | A ‖
  high.

Cast No Shadow

Words & Music by
Noel Gallagher

Asus⁴	G	Em	D	C

Intro 𝄆 Asus⁴ | Asus⁴ | G | | G | 𝄇

Verse 1

Asus⁴
Here's a thought for every man

                                                  G
Who tries to understand what is in his hands.

       Asus⁴
He walks along the open road of love and life

              G
Surviving if he can.

Em   D
Bound with all the weight

           C   G
Of all the words he tried to say.

Em   D
Chained to all the places

        C   G
That he never wished to stay.

Em   D
Bound with all the weight

           C   G
Of all the words he tried to say.

Em   D   C
As he faced the sun he cast no shadow.

Chorus 1

G   Asus⁴   C | Em D |
As they took his soul they stole his pride,

G   Asus⁴   C | Em D |
As they took his soul they stole his pride,

G   Asus⁴   C | Em D |
As they took his soul they stole his pride,

Em   D   C | C | C   Asus⁴ ‖
As he faced the sun he cast no shadow.

Verse 2   As Verse 1

Chorus 2
G   Asus⁴   C | Em D |
As they took his soul they stole his pride,
G   Asus⁴   C | Em D |
As they took his soul they stole his pride,
G   Asus⁴   C | Em D |
As they took his soul they stole his pride,
G   Asus⁴   C | Em D |
As they took his soul they took his pride.

Outro
Em   D   C | C |
As he faced the sun he cast no shadow,
Em   D   C | C |
As he faced the sun he cast no shadow,
Em   D   C | C |
As he faced the sun he cast no shadow,
Em   D   C | C |
As he faced the sun he cast no shadow.

| C | C | C | G   ‖

Cigarettes & Alcohol

Words & Music by
Noel Gallagher

E5   F#   A5   F#7add11   Dsus2   A   Cadd9   B7

Intro | E5 | E5 | E5 | E5 | E5 | E5 |

| F# | A5 | E5 | E5 | E5 | E5 ||

Verse 1
    E5
Is it my imagination
    F#7add11   A5   E5 | E5 | E5 | E5 |
Or have I finally found something worth living for?
    E5
I was looking for some action
    F#7add11   A5   E5 | E5 | E5 | E5 ||
But all I found was cigarettes and alcohol.

Bridge 1
A5   E5
You could wait for a lifetime
A5   E5
To spend your days in the sunshine,
A5   E5
You might as well do the white-line.
    Dsus2   A
'Cause when it comes on top:

Chorus 1
             E5   Dsus2
You gotta make it happen,
        A   E5   Dsus2
You gotta make it happen,
        A   E5   Dsus2
You gotta make it happen,
        A   E5 | Dsus2 A | Cadd9 | B7 ||
You gotta make it happen.

Instrumental | E5 | E5 | E5 | E5 | E5 | E5 |

| F# | A5 | E5 | E5 | E5 | E5 ||

Verse 2
        E5
Is it worth the aggravation
       F#7add11
To find yourself a job
           A5   **E5** | **E5** | **E5** | **E5**
When there's nothing worth working for?
       E5
It's a crazy situation,
       F#7add11   **A5**   **E5** | **E5** | **E5** | **E5** |
But all I need are cigarettes and alcohol.

Bridge 2   As Bridge 1

Chorus 2   As Chorus 1

Instrumental ‖: **E5** | **Dsus2** **A** | **E5** | **Dsus2** **A** :‖

E5   **Dsus2**   **A**
You gotta, you gotta, you gotta make it,
E5   **Dsus2**   **A**
You gotta, you gotta, you gotta fake it.
E5   **Dsus2**   **A**
You gotta, you gotta, you gotta make it,
E5   **Dsus2**   **A**
You gotta, you gotta, you gotta fake it.

                                   Play 4 times
Guitar solo ‖: **E5** | **Dsus2** **A** | **E5** | **Dsus2** **A** :‖ **E5**   ‖

Columbia

Words & Music by
Noel Gallagher

A	D	C	Dsus²

Intro   ‖: A | A | D | C :‖   *Play 4 times*

Verse 1

A
There we were, now here we are,
D   **C**
All this confusion, nothing's the same to me.
A
There we were, now here we are,
D   **C**
All this confusion, nothing's the same to me.

Chorus 1

A
I can't tell you the way I feel,
          D   **C**
Because the way I feel is oh so new to me.
A
I can't tell you the way I feel,
          D   **C**
Because the way I feel is oh so new to me.

Link   ‖: A | A | D | C :‖

Verse 2

A
What I heard is not what I hear,
          D   **C**
I can see the signs but they're not very clear.
A
What I heard is not what I hear,
          D   **C**
I can see the signs but they're not very clear.

	A
Chorus 2	So I can't tell you the way I feel,

A
So I can't tell you the way I feel,

         D   **C**
Because the way I feel is oh so new to me.

A
I can't tell you the way I feel,

        D   **C**   **A**
Because the way I feel is oh so new to me.

Coda

D   **C**   **A**
This is confusion, am I confusing you?
D   **C**   **A**
This is confusion, am I bemusing you?
D   **C**   **A**
This is peculiar, we don't want to fool ya.
D   **C**
This is peculiar, we don't want to fool ya.

Outro

‖: **A** | **A** | **Dsus2** | **C** :‖ *Play 11 times*

| **A** | **A** | **Dsus2** | **C**   ‖
                              Yeah, yeah, (yeah.)

‖: **A** | **A** |
Yeah.   Yeah, yeah, yeah.

| **Dsus2** | **C**   :‖ *Repeat to fade*
                  Yeah, yeah, (yeah.)

Cum On Feel The Noize

Words & Music by
Jim Lea & Noddy Holder

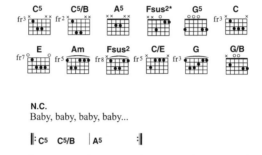

Intro

N.C.
Baby, baby, baby, baby...

‖: C5   C5/B | A5   :‖

| Fsus2* | Fsus2* | G5 | G5   ‖

Verse 1

C   E
  So you think I got an evil mind,

     Am
Well, I'll tell you honey,

     Fsus2 C/E   G
And I don't know   why,

   Fsus2 C/E   G
I don't know   why.

C   E
  So you think my singin's out of time,

     Am
Well, it makes me money,

     Fsus2 C/E   G
And I don't know why,

  Fsus2 C/E   G
I don't know why,

    A5   G5
Anymore, oh no.

Chorus 1

    C   G/B   Am
So cum on feel the noize,

   C   G/B   Am
Girls, grab your boys,

      Fsus2 C/E   G
We'll get wild, wild,   wild,

      Fsus2 C/E   G
We'll get wild, wild,   wild.

© Copyright 1973 Barn Publishing (Slade) Limited.
All Rights Reserved. International Copyright Secured.

30

cont.

      C   G/B   Am
So cum on feel the noize,

C   G/B   Am
Girls, grab your boys,

           Fsus2 C/E   G
We'll get wild,   wild, wild,

Until dawn.

Verse 2

     C   E
   So you think I got a funny face,

         Am
Well I ain't got no worries,

       Fsus2 C/E   G
And I don't know   why,

       Fsus2 C/E   G
And I don't know   why.

     C   E
   Say I'm a scumbag well it's no disgrace,

       Am
I ain't in no hurry,

       Fsus2 C/E   G
And I don't know   why,

       Fsus2 C/E   G
And I don't know   why,

       A5   G5
Anymore, oh no.

Chorus 2   As Chorus 1

Instrumental ‖: C5 C5/B | A5   :‖

              | Fsus2* | Fsus2* | G5 | G5   ‖

Verse 3

     C   E
   So you think we have a lazy time,

          Am
Well, you should know better.

       Fsus2 C/E   G
And I don't know   why,

       Fsus2 C/E   G
I just don't know   why.

<pre>
                 C   E
cont.   And you say I got a dirty mind,

                         Am
                 Well, I'm a mean go-getter,

                     Fsus² C/E   G
                 And I don't know   why,

                     Fsus² C/E   G
                 And I don't know   why,

                     A⁵   G⁵
                 Anymore, oh no.
</pre>

Chorus 3   As Chorus 1

<pre>
                       C   G/B   Am
Coda   ‖: So cum on feel the noize,

                 C   G/B   Am
                 Girls, grab your boys,

                       Fsus² C/E   G
                 We'll get wild, wild,   wild,

                       Fsus² C/E   G
                 We'll get wild, wild,   wild. :‖ Play 3 times
</pre>

<pre>
Instrumental ‖: C   G/B | Am | C   G/B | Am |

              | Fsus² C/E | G | Fsus² C/E | G   :‖
</pre>

<pre>
                       C   G/B   Am
Outro   Alright, so cum on feel the noize,

                 C   G/B   Am
                 Girls, grab your boys,

                       Fsus² C/E   G
                 Yeah, I'm all   crazy now,

                       Fsus² C/E   G
                 Yeah, I'm all   crazy now.

                 N.C. (spoken)
                 C'mon goodbye to Jane.

                 Alright, crack the whip when the whip comes down.

                 Girls, grab your boys,

                 'Cos it's wild, wild, wild.
</pre>

D'You Know What I Mean?

Words & Music by
Noel Gallagher

Em   G   Dsus2   Asus4   Cadd9

Em7   Esus4   E   A   Cmaj7

Capo 2nd fret

Intro　　| Em | Em | Em | Em |

‖: Em G | Dsus2 Asus4 :‖ *Play 3 times*

| Cadd9 Dsus2 Asus4 | Asus4 Em ‖

Verse 1

Em7　　　　　　　　G
Step off the train all alone at dawn,

Dsus2　　　　　　　Asus4
Back into the hole where I was born,

　　Em7　　　　　　　　　　　　　　　Dsus2 Asus4
The sun in the sky never raised an eye to me.

　　Em7　　　　　G
The blood on the trax must be mine,

　　Dsus2　　　　　　Asus4
The fool on the hill and I feel fine,

Em7　　　　　　　　　G　　　　　　　　Dsus2 Asus4
Don't look back 'cos you know what you might see.

Link　　| Em7 G | Dsus2 Asus4 | Em7 G | Dsus2 Asus4 |

Verse 2

Em7　　　　　　　　　G
Look into the wall of my minds eye,

Dsus2　　　　　　Asus4
I think I know but I don't know why

　　Em7　　　　　　G　　　　　　　Dsus2 Asus4
The questions are the answers you might need.

Em7
Coming in a mess going out in style,

　　Dsus2　　　　　　　　Asus4
I ain't good looking but I'm someone's child,

Em7　　　　　　　　G　　　　　　　Dsus2 Asus4
No-one can give me the air that's mine to breathe.

Bridge 1

     Esus⁴ E   **Dsus²**   **A**
I met my maker, I made him cry,

      Esus⁴ E   **Dsus²**   **A**
And on my shoulder he asked me why,

      Esus⁴ E   **Dsus²**   **A**
His people won't fly through the storm,

        Cmaj⁷   **Dsus²**   **A**
I said, "Listen up man, they don't even know you're born".

Chorus 1

 Em   **G**   **Dsus²**
All my people right here, right now,

A   **Em G**   **Dsus²** **A**
  D'you know what I mean? _____   Yeah, yeah.

 Em   **G**   **Dsus²**
All my people right here, right now,

A   **Em G**   **Dsus²** **A**
  D'you know what I mean? _____   Yeah, yeah.

 Em   **G**   **Dsus²**
All my people right here, right now,

A   **Em G**   **Dsus²** **A**
  D'you know what I mean? _____   Yeah, yeah.

    Em   **G**   **Dsus²** **A**
Yeah, yeah,

    Em   **G**   **Dsus²** **A**
Yeah, yeah.

Verse 3

Em⁷   **G**
I don't really care for what you believe,

   Dsus²   **Asus⁴**
So open up your fist or you won't receive

    Em⁷   **G**   **Dsus² Asus⁴**
The thoughts and the words of every man you'll need.

    Em⁷   **G**
So get up off the floor and believe in life,

   Dsus²   **Asus⁴**
No-one's ever gonna ever ask you twice,

Em⁷   **G**   **Dsus² Asus⁴**
Get on the bus and bring it on home to me.

Bridge 2   As Bridge 1

Chorus 2

Em   G   Dsus²
All my people right here, right now,

A   Em G   Dsus² A
  D'you know what I mean? _____   Yeah, yeah.

Em   G   Dsus²
All my people right here, right now,

A   Em G   Dsus² A
  D'you know what I mean? _____   Yeah, yeah.

Em   G   Dsus²
All my people right here, right now,

A   Em G   Dsus² A
  D'you know what I mean? _____   Yeah, yeah,   yeah,

Em   G   Dsus² A
Yeah,   yeah,

Em   G   Dsus² A
Yeah,   yeah,

Em   G   Dsus² A
Yeah,   yeah.

Middle

| Cmaj⁷ | Dsus² Cmaj⁷ | Cmaj⁷ | Dsus² Cmaj⁷ |

| Cmaj⁷ | Dsus² Asus⁴ | Asus⁴ | Asus⁴ ‖

Solo

‖: Em   G | Dsus² Asus⁴ | Em   G | Dsus² Asus⁴ :‖

Chorus 3   As Chorus 1

Outro

| Cmaj⁷ | Dsus² Cmaj⁷ | Cmaj⁷ | Dsus² Cmaj⁷ |

| Cmaj⁷ | Dsus² Em ‖

Digsy's Dinner

Words & Music by
Noel Gallagher

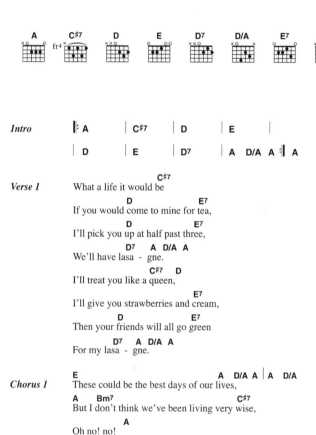

Intro ‖: A | C#7 | D | E |
| D | E | D7 | A D/A A :‖ A

Verse 1

                           C#7
What a life it would be

          D   **E7**
If you would come to mine for tea,

         D   **E7**
I'll pick you up at half past three,

         D7 **A D/A A**
We'll have lasa - gne.

             C#7 **D**
I'll treat you like a queen,

                   E7
I'll give you strawberries and cream,

         D   **E7**
Then your friends will all go green

         D7 **A D/A A**
For my lasa - gne.

Chorus 1

    E   **A D/A A** **A D/A**
These could be the best days of our lives,

    A **Bm7**   **C#7**
But I don't think we've been living very wise,

              A
Oh no! no!

Verse 2

(A)   C#7
What a life it would be

        D   E7
If you would come to mine for tea,

        D   E7
I'll pick you up at half past three,

        D7   A D/A A
We'll have lasa - gne.

Instrumental | A | C#7 | D | E7 | |
| D | E7 | D7 | A D/A A ‖

Chorus 2   As Chorus 1

Verse 3

(A)   C#7
What a life it would be

        D   E7
If you would come to mine for tea,

        D   E7
I'll pick you up at half past three,

        D7   A D/A A
We'll have lasa - gne.

                  C#7 D
I'll treat you like a queen,

                      E
I'll give you strawberries and cream,

        D   E
Then your friends will all go green,

        D   E
Then your friends will all go green,

        D   E
Then your friends will all go green

        D7 A
For my lasa - gne.

Don't Go Away

Words & Music by
Noel Gallagher

Am   Am⁷   Gsus⁴   Fadd⁹   Dm   D⁷sus⁴   C

Csus²/B   *Am⁷   C/G   Fmaj⁷   Fm   F   G   Cmaj⁷

Intro   ‖: Am   Am⁷ | Gsus⁴ | Fadd⁹ | Dm   Fadd⁹ :‖

Verse 1

   Am   Am⁷
A cold and frosty morning,

      Gsus⁴
There's not a lot to say,

      Fadd⁹   Dm   Fadd⁹
About the things caught in my mind.

    Am   Am⁷
And as the day was dawning

     Gsus⁴
My plane flew away,

      Fadd⁹   Dm   Fadd⁹
With all the things caught in my mind.

Bridge 1

D⁷sus⁴   Fadd⁹
  And I wanna be there when you're coming down,

D⁷sus⁴   Fadd⁹
  And I wanna be there when you hit the ground.

Chorus 1

     Gsus⁴ C   C²/B
So don't go away, say what you say,

          *Am⁷
Say that you'll stay,

          C/G   Fmaj⁷
Forever and a day, in the time of my life.

          G   Am
'Cos I need more time, yes I need more time,

      G   Fmaj⁷
Just to make things right.

Verse 2

Am   Am7
Damn my situation

        Gsus4
And the games I have to play

            Fadd9   Dm   Fadd9
With all the things caught in my mind.

Am   Am7
Damn my education,

        Gsus4
I can't find the words to say,

            Fadd9   Dm   Fadd9
About the things caught in my mind.

Bridge 2

D7sus4   Fadd9
And I wanna be there when you're   coming down,

D7sus4   Fadd9
And I wanna be there when you hit the ground.

Chorus 2   As Chorus 1

Middle

Fm   C   Csus2/B Am
Me and you, what's going on?

F   Fm
All we seem to know is how to show

                    C   Csus2/B Am |
The feelings that are wrong.

| C/G F | F | G   ‖

Chorus 3   As Chorus 1

Chorus 4   As Chorus 1

Link

                    Am
‖: Yes I need more time,

             G   Fmaj7
    Just to make things right. :‖   *Play 2 times*

G
   So don't go away.

Outro | C | Csus2/B Am | G | Fadd9 | G |

       ‖: G   G/B Am | Am   :‖   *Play 3 times*

       | G | G | ⁝ Cmaj7   ‖

Don't Look Back In Anger

Words & Music by
Noel Gallagher

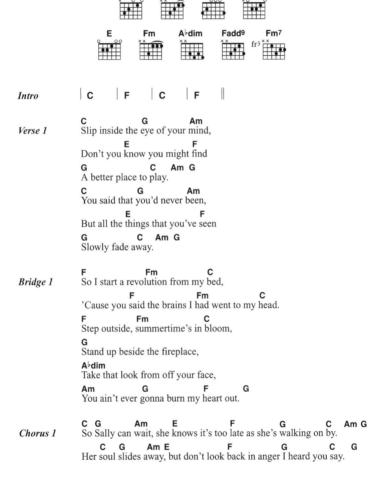

Intro | C | F | C | F ‖

Verse 1
C   G   Am
Slip inside the eye of your mind,
                E   F
Don't you know you might find
G   C   Am G
A better place to play.
C   G   Am
You said that you'd never been,
                E   F
But all the things that you've seen
G   C   Am G
Slowly fade away.

Bridge 1
F   Fm   C
So I start a revolution from my bed,
              F   Fm   C
'Cause you said the brains I had went to my head.
F   Fm   C
Step outside, summertime's in bloom,
G
Stand up beside the fireplace,
A♭dim
Take that look from off your face,
Am   G   F   G
You ain't ever gonna burn my heart out.

Chorus 1
C G   Am   E   F   G   C Am G
So Sally can wait, she knows it's too late as she's walking on by.
     C G   Am E   F   G   C   G
Her soul slides away, but don't look back in anger I heard you say.

Instrumental | Am E | F G | C Am G ‖

Verse 2
C   G   Am
Take me to the place where you go,

             E   F
Where nobody knows

G   C Am G
If it's night or day.

C   G   Am
Please don't put your life in the hands

         E   F
Of a rock 'n' roll band

G   C Am G
Who'll throw it all away.

Bridge 2   As Bridge 1

Chorus 2
C G   Am   E   F
So Sally can wait, she knows it's too late

          G   C Am G
As she's walking on by.

    C G   Am E   F
Her soul slides away, but don't look back in anger

G   C Am G
I heard you say.

Guitar solo   Chords as Bridge

Chorus 3   As Chorus 2

Chorus 4
C G   Am   E   F
So Sally can wait, she knows it's too late

          G   C Am G
As she's walking on by.

    C   G   Am   Fadd9
Her soul slides away, but don't look back in anger,

       Fm7
Don't look back in anger

          C   G | Am E | F Fm |
I heard you say.

       C
It's not too late.

D'Yer Wanna Be A Spaceman?

Words & Music by
Noel Gallagher

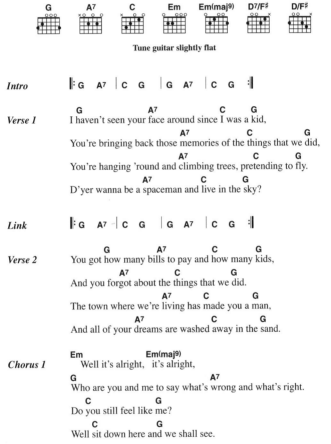

Tune guitar slightly flat

Intro ‖: G A7 | C G | G A7 | C G :‖

Verse 1
       G   A7   C   G
I haven't seen your face around since I was a kid,
                              A7   C   G
You're bringing back those memories of the things that we did,
                       A7   C   G
You're hanging 'round and climbing trees, pretending to fly.
               A7   C   G
D'yer wanna be a spaceman and live in the sky?

Link ‖: G A7 | C G | G A7 | C G :‖

Verse 2
           G   A7   C   G
You got how many bills to pay and how many kids,
           A7   C   G
And you forgot about the things that we did.
                   A7   C   G
The town where we're living has made you a man,
                A7   C   G
And all of your dreams are washed away in the sand.

Chorus 1
       Em   Em(maj9)
       Well it's alright,   it's alright,
       G   A7
Who are you and me to say what's wrong and what's right.
       C   G
Do you still feel like me?
         C   G
Well sit down here and we shall see.

cont.

    C   **G**
We can talk and find common ground,

           A⁷
And we can just forget about feeling down,

D⁷/F♯   **D/F♯**
We can just forget about life in this (town.)

Link

| **G** **A⁷** | **C** **G** | **G** **A⁷** | **C** **G** |
town. _____

| **G** **A⁷** | **C** **G** | **G** **A⁷** | **C** **G** ‖

Verse 3

    G   **A⁷**   **C**   **G**
It's funny how your dreams change as you're growing old,

                     A⁷   **C**   **G**
You don't wanna be no spaceman, you just want gold.

         A⁷   **C**   **G**
All the dream stealers are lying in wait,

                   A⁷   **C**   **G**
But if you wanna be a spaceman it's still not too late.

Chorus 2

Em   **Em(maj⁹)**
   Well it's alright,   and it's alright,

G   **A⁷**
Who are you and me to say what's wrong and what's right.

     C   **G**
Do you still feel like me?

     C   **G**
Well sit down here and we shall see.

C   **G**
We can talk and find common ground,

           A⁷
And we can just forget about feeling down,

D⁷/F♯   **D/F♯**
We can just forget about life in this (town.)

Coda

| **G** **A⁷** | **C** **G** | **G** **A⁷** | **C** **G** |
town. _____

| **G** **A⁷** | **C** **G** | **G** **A⁷** | **C** **G** |

| **A⁷** | **A⁷** | **C** | **C** | **G** ‖
Aah. _____

Fade Away

Words & Music by
Noel Gallagher

A   C#m   Dsus2   B   Bsus4   E

G   D   F   Asus2   B7add11   D6/9   D/A

Intro   ‖: A | A | A | A   :‖ A | A |

| C#m | C#m | Dsus2   A | B | Dsus2 ‖

A

Verse 1   When I was young I thought I had my own key,

C#m
I knew exactly what I wanted to be,

Dsus2   A   B   Dsus2
Now I'm sure you've boarded up every door.

A
   Lived in a bubble, days were never ending,

C#m
Was not concerned about what life was sending.

Dsus2   A
Fantasy was real,

           B   **Dsus2**
Now I know much about the way I feel.

Bsus4   Dsus2
Pre-chorus 1   I'll paint you the picture

                 Bsus4   Dsus2
'Cause I don't think you live round here no more,

          Bsus4   Dsus2
I've never even seen the key to the door,

          Bsus4   Dsus2
We only get what we will settle for.

Chorus 1

    A   E   G   D   A
While we're living, the dreams we have as children fade away,

           E   G   D   A
While we're living, the dreams we have as children fade away,

           E   G   D   A
While we're living, the dreams we have as children fade away,

           E   G   D
While we're living, the dreams we have as children

        F   Dsus2 A
Fade away, away,   away,

        F   Dsus2 A
They fade away, away,   away.

Link

| C♯m | C♯m | Dsus2 | A | B | Dsus2 ‖

Verse 2

A
Now my life has turned another corner,

C♯m
I think it's only best that I should warn you:

Dsus2   A
Dream it while you can,

        B   Dsus2
Maybe some day I'll make you understand.

Pre-chorus 2   As Pre-chorus 1

Chorus 2

    A   E   G   D   A
While we're living, the dreams we have as children fade away,

           E   G   D   A
While we're living, the dreams we have as children fade away,

           E   G   D   A
While we're living, the dreams we have as children fade away,

           E   G   D
While we're living, the dreams we have as children

        F   Dsus2 A   F   Dsus2 A
Fade away, away,   away, they fade away, away,   away,

        F   Dsus2 A   F   Dsus2 A
They fade away, away,   away, fade away, away,   away.

Play 3 times

Coda

‖: F | Dsus2 | A | A :‖ F | Dsus2 |

‖: Asus2 | B7add11 | D6/9 | Dsus2 D6/9 :‖ *Play 4 times*

| A | D/A | A ‖
(Free time)

Fade In-Out

Words & Music by
Noel Gallagher

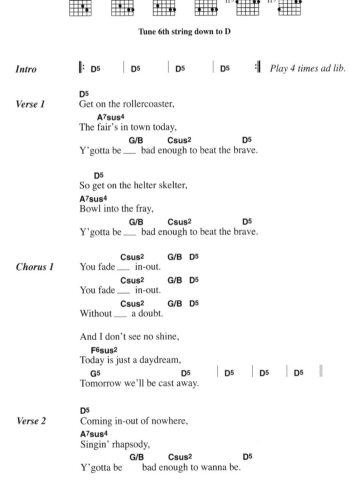

Tune 6th string down to D

Intro ‖: D5 │ D5 │ D5 │ D5 :‖ *Play 4 times ad lib.*

Verse 1

D5
Get on the rollercoaster,

A7sus4
The fair's in town today,

       G/B   Csus2   D5
Y'gotta be ___ bad enough to beat the brave.

   D5
So get on the helter skelter,

A7sus4
Bowl into the fray,

       G/B   Csus2   D5
Y'gotta be ___ bad enough to beat the brave.

Chorus 1

       Csus2   G/B D5
You fade ___ in-out.

       Csus2   G/B D5
You fade ___ in-out.

       Csus2   G/B D5
Without ___ a doubt.

And I don't see no shine,

       F6sus2
Today is just a daydream,

 G5   D5   │ D5   │ D5   │ D5 ‖
Tomorrow we'll be cast away.

Verse 2

D5
Coming in-out of nowhere,

A7sus4
Singin' rhapsody,

      G/B   Csus2   D5
Y'gotta be   bad enough to wanna be.

cont.

D5
Sitting upside a high chair

     A7sus4
With the devil's refugee,

        G/B   **Csus2**   **D5**
Is gonna be blinded by the light that follows me.

Chorus 2

         Csus2   **G/B** **D5**
She fade ___ in-out.

         Csus2   **G/B** **D5**
She fade ___ in-out.

         Csus2   **G/B** **D5**
Without ___ a doubt.

I don't see no shine,

  F6sus2
Today is just a daydream,

  G5   **D5** | **D5** | **D5** | **D5** ||
Tomorrow she'll be cast away.

Solo

||: **D5** | **D5** | **D5** | **D5** |

| **A7sus4** | **G/B** **Csus2** | **D5** | **D5**   :||

Chorus 3

         Csus2   **G/B** **D5**
We're fade ___ in-out.

         Csus2   **G/B** **D5**
We're fade ___ in-out.

         Csus2   **G/B** **D5**
Without ___ a doubt.

I don't see no shine,

  F6sus2
Today is just a daydream,

  G5   **D5** | **D5** | **D5** | **D5** ||
Tomorrow we'll be cast away.

Verse 3   As Verse 1

Outro

||: You fade ___ in-out. :|| *Play 7 times*
         Csus2   **G/B** **D5**

    G5
You fade ___ in-out.

     A5   **D5**
You're fad - ing out.

Full On

Words & Music by
Noel Gallagher

G#m   E   B   C#m   E*   F#sus4   F#   G#m7

Intro | G#m | E | G#m | E B ‖

Verse 1

G#m   E
I hear my heart beatin' faster,

G#m   E   B
I feel it in my bones,

G#m   E
I want it now 'cos I have ta,

G#m   E   B
But why, no-one knows.

G#m   E
I'm like the angel on the A train,

G#m   E   B
My eyes are   diamond white,

G#m   E
From the cradle till your insane,

G#m   E   B
For life you have to fight.

Pre-chorus 1

      C#m   E*
But no-one knows why there's a spirit in the sky,

              G#m
Where there we stay for so long,

C#m   E*
He will understand, while I take him by the hand,

    F#sus4   F#
Why life's time tunnel is long,

	G♯m **E**
Chorus 1	And it will be alright,

                   B   **G♯m** **E**
If you see me tonight,

                         B   **G♯m** **E**
It's where we both belong,

                       B   **G♯m** **E**   **B**   **G♯m** **E**
It's gonna be full on,   it's gonna be full on,

                       B   **G♯m** **E**   **B**   **G♯m** **E**
It's gonna be full on,   it's gonna be full on,

                       B   **G♯m** **E** **B**
It's gonna be full on.

Verse 2	As Verse 1

Pre-chorus 2	As Pre-chorus 1

Chorus 2	As Chorus 1

Solo	| **C♯m** | **E*** | **G♯m** | **G♯m7** |
	| **C♯m** | **E*** | **F♯sus4** **F♯** ||

	G♯m **E**
Chorus 3	It's gonna be alright,

                   B   **G♯m** **E**
You're gonna stay tonight,

                   B   **G♯m** **E**
It's where we both belong,

                 B   **G♯m** **E**   **B**   **G♯m** **E**
It's gonna be full on,   it's gonna be full on,

                 B   **G♯m** **E**   **B**   **G♯m** **E**
It's gonna be full on,   it's gonna be full on,

                 B   **G♯m** **E**   **B**   **G♯m** **E**
It's gonna be full on.   it's gonna be full on,

                 B   **G♯m** **E**   **B**   **G♯m** **E** **B**
It's gonna be full on,   it's gonna be full on.

Outro	| **G♯m** | **G♯m** | **G♯m** | **G♯m** ||

Force Of Nature

Words & Music by
Noel Gallagher

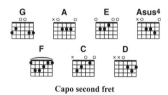

Capo second fret

Intro	| *4 bars drums* |: G A | E | E :|

Verse 1
     E   G   A   E
    Yeah I feel   like the force of nature,
                  G   A   E
Could make you sing like a bird released.
                G   A   E
If what you seek is the wise man's treasure,
              G   A   E
You know it's buried beneath___ your feet.

Verse 2
                 G   A   E
You know you look___ like a faded pic - ture,
           G   A   E
I see the cracks freezing on your skin.
            G   A   E
And as the world slowly turns and hits___ you
            G   A   Asus⁴ A   E
That the thieves of the night are com - ing to   take you in.___

Chorus 1

     N.C.   **A**   **C**
For smoking all my stash,

F   **A C**
   For burning all my cash.

F   **A C**
   I bet you knew right away,

F   **G**
   It's all over town

     C   **D**   **F**   **A**   **C**
That the sun's going down on the days of your ea - sy life.

F   **A C**
    I bet you knew right away,

F   **A**   **C**
   You dope, you don't know where___ it's at.

F   **G**   **C**   **D**
   It's all over town that the sun's going down

        F **E**   **G A**
And it's high___ time to pray.

Link 1 | **E** | **G A** | **E**   ‖

Verse 3

       G   **A**   **E**
Yeah I feel like a force of na - ture,

           G   **A**   **E**
Could make you sing like a bird released.

       G   **A**   **E**
If what you seek is the wise man's treasure,

        G   **A**   **E**
You know it's buried beneath___ your feet.

Verse 4

        G   **A**   **E**
You know you look like a faded pic - ture,

     G   **A**   **E**
I see the cracks frozen on your skin.

      G   **A**   **E**
And as the world slowly turns and hits you

     G   **A** **Asus4** **A**   **E**
That the thieves of the night are com - ing to   take you in.___

Chorus 2

N.C.   A   C
For smoking all my stash,

F   A C
For burning all my cash.

F   A C
I bet you knew right away,

F   G
It's all over town

         C   D   F   A   C
That the sun's going down on the days of your ea - sy life.

F   A C
I bet you knew right away,

F   A   C
You dope, you don't know where___ it's at.

F   G   C
It's all over if you're begging me please

         D   F   A C | F |
Then get on your knees and pray.___

Link 2

| A C | F | A C | F | A C ‖

Chorus 3

F   A C
You're smoking all my stash

F   A C
You're burning all my cash.

F   A C
I bet you knew right away,

F   G
It's all over town

         C   D   F   E   G A
That the sun's gone down and it's high___ time___ to pray.___

| E | G A |
   Woah!

| E | G A |
  Be   warned.

Outro

| E | G A | E |

| E | E | E | E | E ‖

The Girl In The Dirty Shirt

Words & Music by
Noel Gallagher

Em	G5/6	C7	G5	D	Cadd9	B7	A5	C9

Intro ‖: Em   G5/6 | C7   :‖ *Play 3 times*

| G5   D | Cadd9 | Cadd9 ‖

Verse 1
     Em   G5/6   C7
If I may be so bold that I just say something,

G5   D   Cadd9
Come and make me my day.

     Em   G5/6   C7
The clouds around your soul don't gather there for nothing,

G5   D   Cadd9
I can chase them all away.

Verse 2
     Em   G5/6   C7
Why do you need a reason for to feel happy,

     G5   D   Cadd9
Or shining for the rest of the world.

Em   G5/6   C7
Give me just a smile and would you make it snappy,

G5   D   Cadd9
Get your shit together girl.

Bridge 1
D   B7
  You got a feeling lost inside,

   Em   D   Cadd9
It just won't let you go.

D   B7
  Your life is sneaking up behind,

   Em   D   Cadd9
It just won't let you go,

     Em   D   Cadd9
No, it just won't let you go

     B7
Is what I'm trying to say.

Chorus 1

   (B7)   **G5**   **Cadd9**
Is would you maybe

        G5   **Cadd9**
Come dancing with me,

          G5   **Cadd9**
'Cos to me it doesn't matter

          A5   **Cadd9**
If your hopes and dreams are shattered.

              G5 Cadd9
And when you say something

        G5   **Cadd9**
You make me believe

       G5   **Cadd9**
In the girl who wears a dirty shirt,

      A5   **Cadd9**
She knows exactly what she's worth,

      A5   **Em G5/6**
She knows exactly what she's worth to me!

C7   **Em G5/6**
  That I can see,

C7   **Em G5/6**
  I can see.

Link

| **C7** | **G5** **D** **Cadd9** | **Cadd9**   ‖

Verse 3

     Em   **G5/6**   **C7**
If you ever find yourself inside a bubble,

          G5   **D**   **Cadd9**
You've gotta make your own way home.

Em   **G5/6**   **C7**
You can call me anytime you're seeing double,

G5   **D**   **Cadd9**
Now you know you're not alone.

Bridge 2

D   **B7**
  You got a feeling lost inside,

    Em   **D**   **Cadd9**
It just won't let you go.

D   **B7**
Your life is sneaking up behind,

    Em   **D**   **Cadd9**
It just won't let you go,

      Em   **D**   **Cadd9**
No, it just won't let you go

              B7
Is what I'm trying to say.

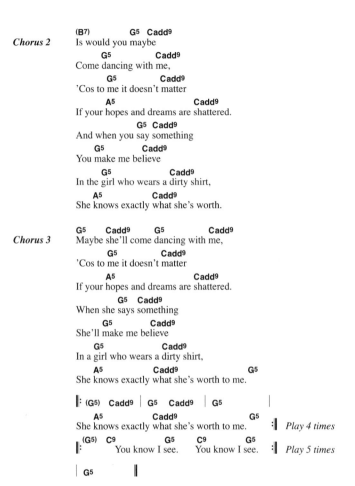

Chorus 2

(B7)   **G5** **Cadd9**
Is would you maybe

    G5   **Cadd9**
Come dancing with me,

      G5   **Cadd9**
'Cos to me it doesn't matter

       A5   **Cadd9**
If your hopes and dreams are shattered.

         G5 **Cadd9**
And when you say something

     G5   **Cadd9**
You make me believe

    G5   **Cadd9**
In the girl who wears a dirty shirt,

     A5   **Cadd9**
She knows exactly what she's worth.

Chorus 3

G5   **Cadd9**   **G5**   **Cadd9**
Maybe she'll come dancing with me,

     G5   **Cadd9**
'Cos to me it doesn't matter

      A5   **Cadd9**
If your hopes and dreams are shattered.

        G5 **Cadd9**
When she says something

     G5   **Cadd9**
She'll make me believe

     G5   **Cadd9**
In a girl who wears a dirty shirt,

      A5   **Cadd9**   **G5**
She knows exactly what she's worth to me.

‖: **(G5)** **Cadd9** | **G5** **Cadd9** | **G5**

      A5   **Cadd9**   **G5**
She knows exactly what she's worth to me. :‖ *Play 4 times*

 (G5) **C9**   **G5**   **C9**   **G5**
‖:   You know I see.   You know I see. :‖ *Play 5 times*

| **G5**   ‖

Gas Panic!

Words & Music by
Noel Gallagher

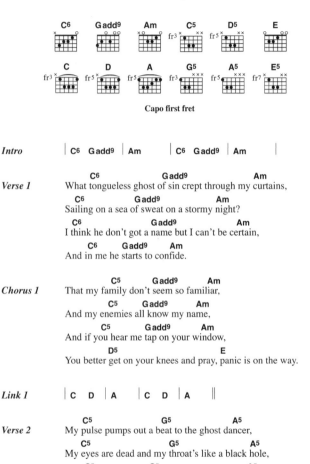

Capo first fret

Intro | C6 Gadd9 | Am | C6 Gadd9 | Am |

Verse 1
           C6   Gadd9   Am
What tongueless ghost of sin crept through my curtains,
      C6   Gadd9   Am
Sailing on a sea of sweat on a stormy night?
      C6   Gadd9   Am
I think he don't got a name but I can't be certain,
         C6   Gadd9   Am
And in me he starts to confide.

Chorus 1
             C5   Gadd9   Am
That my family don't seem so familiar,
              C5   Gadd9   Am
And my enemies all know my name,
             C5   Gadd9   Am
And if you hear me tap on your window,
             D5   E
You better get on your knees and pray, panic is on the way.

Link 1 | C D | A | C D | A ‖

Verse 2
         C5   G5   A5
My pulse pumps out a beat to the ghost dancer,
         C5   G5   A5
My eyes are dead and my throat's like a black hole,
         C5   G5   A5
And if there's a God would he give another chancer
         C5   G5   A5
An hour to sing for his soul.

Chorus 2

        C⁵   G⁵   A⁵
'Cause my family don't seem so familiar,

        C⁵   G⁵   A⁵
And my enemies all know my name,

            C⁵   G⁵   A⁵
And when you hear me tap on your window,

            D⁵
You better get on your knees and pray,

E⁵
Panic is on the way.

Link 2 | C   D | A | C   D | A   ‖

Solo | A⁵ | G⁵ | D⁵ | A⁵ | A⁵ | G⁵ | D⁵ | C⁵ |

      | D⁵ | D⁵ | C⁵ D⁵ | A⁵ | C⁵ D⁵ | A⁵ |

      | C⁵ D⁵ | A⁵ | D⁵ | E | E ‖

Chorus 3

        C⁵   G⁵   A⁵
'Cause my family don't seem so familiar,

        C⁵   G⁵   A⁵
And my enemies all know my name,

         C⁵   G⁵   A⁵
And when you hear me tap on your window,

        C⁵   G⁵   A⁵
Then you get on your knees and you better pray;

Chorus 4

        C⁵   G⁵   A⁵
'Cause my family don't seem so familiar,

        C⁶   G⁵   A⁵
And my enemies all know my name,

         C⁵   G⁵   A⁵
And when you hear me tap on your window,

            D⁵
You better get on your knees and pray,

E⁵   C⁵ D⁵ A⁵
Panic is on the way, _____

C⁵ D⁵ A⁵   C⁵ D⁵ A⁵
          Panic is on the way. _____

Outro | C⁵ D⁵ | A⁵ ‖: A⁵ | A⁵   :‖ *Repeat to fade*

Go Let It Out

Words & Music by
Noel Gallagher

A7   D5   Fadd9   G   A7sus4   F   Cadd9

Intro | **A7** | **A7**   ‖

Verse 1   **A7**
                 Paint no illusion, try to click with whatcha got,

                 Taste every potion, 'cos if yer like yerself a lot.
                         D5   **Fadd9 G**   **A7**
                 Go let it out, go let it in,   an' go let it out.

Verse 2   **A7**
                 Life is precocious in the most peculiar way,
                 A7sus4   **A7**
                 Sister psychosis don't got a lot to say.
                         D5   **F   G**   **A7**
                 She go let it out, she go let it in,   she go let it out.
                         D5   **F   G**   **A7**
                 She go let it out, she go let it in,   she go let it out.

                 D5   **F**   **A7**   **Cadd9**
Chorus 1   Is it any wonder why princes and kings
                 D5   **F**   **A7**   **Cadd9**
                    Are clowns that caper in their sawdust rings.
                 D5   **F**   **A7**   **Cadd9**
                    Ordinary people that are like you and me,
                             G   **D5**
                 We're the keepers of their destiny,
                             G   **D5**
                 We're the keepers of their destiny.

                 | **A7** | **A7**   ‖

Verse 3

        A⁷
I'm goin' leavin' this city, I'm goin' drivin' outta town,

And you're coming with me, the right time is always now.

    D⁵   **F**   **G**   **A⁷**
To go let it out, and go let it in,   and go let it out.

    D⁵   **F**   **G**   **A⁷**
To go let it out, so go let it in,   an' go let it out.

Chorus 2

D⁵   **F**   **A⁷**   **Cadd⁹**
  Is it any wonder why princes and kings

D⁵   **F**   **A⁷**   **Cadd⁹**
  Are clowns that caper in their sawdust rings.

D⁵   **F**   **A⁷**   **Cadd⁹**
  Ordinary people that are like you and me,

         G   **D⁵**
We're the builders of their destiny,

         G   **D⁵**
We're the builders of their destiny,

         G   **D⁵**
We're the builders of their destiny,

         G   **D⁵**
We're the builders of their destiny.

Solo

‖: **D⁵** | **D⁵** | **D⁵** | **D⁵** :‖ **D⁵** ‖

Coda

             D⁵   **Cadd⁹**
So go let it out, go let it in,

G   **D⁵**   **Cadd⁹**
  Go let it out, don't let it in,

G   **D⁵**   **Cadd⁹**
  Go let it out, go let it in,

G   **D⁵**
  An' go let it out.

          Cadd⁹   **G**
Don't let it in, don't let it in, don't let it in.

Outro

‖: **D⁵** | **Cadd⁹ G** | **D⁵** | **Cadd⁹ G** :‖

‖: **D⁵** | **D⁵** | **D⁵** | **D⁵** :‖ *Repeat to fade*

Going Nowhere

Words & Music by
Noel Gallagher

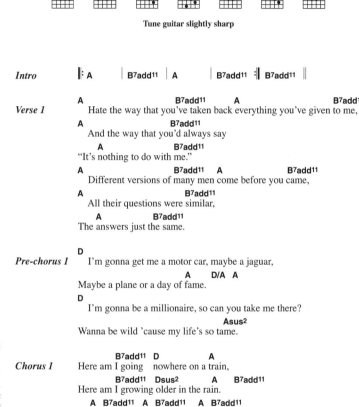

Tune guitar slightly sharp

Intro ‖: A | B⁷add¹¹ | A | B⁷add¹¹ :‖ B⁷add¹¹ ‖

Verse 1

A   B⁷add¹¹   A   B⁷add¹¹
Hate the way that you've taken back everything you've given to me,

A   B⁷add¹¹
And the way that you'd always say

        A   B⁷add¹¹
"It's nothing to do with me."

A   B⁷add¹¹   A   B⁷add¹¹
Different versions of many men come before you came,

A   B⁷add¹¹
All their questions were similar,

        A   B⁷add¹¹
The answers just the same.

Pre-chorus 1

D
    I'm gonna get me a motor car, maybe a jaguar,

                                        A   D/A A
Maybe a plane or a day of fame.

D
    I'm gonna be a millionaire, so can you take me there?

                                        Asus²
Wanna be wild 'cause my life's so tame.

Chorus 1

        B⁷add¹¹ D   A
Here am I going   nowhere on a train,

        B⁷add¹¹ Dsus²   A   B⁷add¹¹
Here am I growing older in the rain.

    A   B⁷add¹¹   A   B⁷add¹¹   A   B⁷add¹¹
Hey,   hey,   hey.

Verse 2

A B^{7}add^{11} A B^{7}add^{11}
Hate the way that you've taken back everything you've given to me,
A B^{7}add^{11}
And the way that you'd always say
A B^{7}add^{11}
"It's nothing to do with me."
A B^{7}add^{11} A B^{7}add^{11}
Different versions of many men come before you came,
A B^{7}add^{11}
All their questions were similar,
A B^{7}add^{11}
The answers just the same.

Pre-chorus 2

D
I'm gonna get me a motor car, maybe a jaguar,
A D/A A
Maybe a plane or a day of fame.
D
I'm gonna be a millionaire, so can you take me there?
Asus^2
Wanna be wild 'cause my life's so tame.

Chorus 2

B^{7}add^{11} D A
Here am I going nowhere on a train,
B^{7}add^{11} Dsus^2 A
Here am I growing older in the rain.
B^{7}add^{11} D A
Here am I going nowhere on a train,
B^{7}add^{11} D
Here am I getting lost and lonely, sad and only.
A
Why, sometimes, does my life feel so tame?
B^{7}add^{11} A B^{7}add^{11} A B^{7}add^{11} A B^{7}add^{11}
Hey, hey, hey.

Coda

Play 5 times
‖: A | B^{7}add^{11} | A | B^{7}add^{11} :‖ Asus^2* ‖

Guess God Thinks I'm Abel

Words & Music by
Liam Gallagher

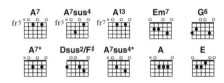

Capo fourth fret

Intro ‖: A7 | A7sus4 A13 | A7 :‖

Verse 1
A7   A7sus4 A13   A7
I could be your lo - ver,   you could be all mine.
A7sus4 A13   A7
We'd go on for - ever,   till the end of time.

Verse 2
A7   A7sus4   A13   A7
You could be my best friend, stay up all night long.
A7sus4 A13   A7
You could be my railroad, we'd go on and on.

Chorus 1
Em7   G6   A7*
Let's get a - long, there's nothing here to do,
Em7   G6   A7*
Let's go find a rainbow.
Em7   G6   A7*
I could be wrong but what am I to do?
Em7   G6   A7   A7sus4 A13 A7
Guess God thinks I'm Abel.

Link | A7 | A7sus4 | A13 | A7 ‖

Verse 3

A7   **A7sus4** **A13**   **A7**
You could be my enemy, I guess there's still time.

              A7sus4 **A13**   **A7**
I'd get round to lov - ing you, is that such a crime?

Chorus 2

Em7   **G6**   **A7***
Let's get a - long, there's nothing here to do,

Em7   **G6**   **A7***
Let's go find a rainbow.

Em7   **G6**   **A7***
I could be wrong but what am I to do?

Em7   **G6**   **A7**
Guess God thinks I'm Abel.

Bridge

G6   **Dsus2/F♯**
  No-one can break us,

                   A7* **A7sus4***
No-one could take us if they tried,

G6   **Dsus2/F♯**
  No-one can break us,

                   A7* **A7sus4***
No-one could take us if they tried.

G6   **Dsus2/F♯**
  No-one can break us,

                   A7*
No-one could take us if they tried.

Outro

A   **G6**   **E**   **A**
Come a - long, let's make it to - night.

Half The World Away

Words & Music by
Noel Gallagher

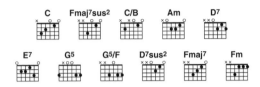

Intro | C | Fmaj⁷sus² | C | Fmaj⁷sus² ‖

Verse 1

    C   **Fmaj⁷sus²**
I would like to leave this city,

    C   **Fmaj⁷sus²**
This old town don't smell too pretty

    C   **C/B**   **Am**
And I can feel the warning signs

D⁷   **Fmaj⁷sus²**
Running around my mind.

    C   **Fmaj⁷sus²**
And when I leave this island,

    C   **Fmaj⁷sus²**
I'll book myself into a soul asylum,

    C   **C/B**   **Am**
'Cause I can feel the warning signs

D⁷   **Fmaj⁷sus²**
Running around my mind.

Chorus 1

   Am   **C**   **E⁷**   **Am**
So here I go, I'm still scratching around in the same old hole,

    Fmaj⁷sus²   **D⁷sus²**   **G⁵** **G⁵/F**
My body feels young but my mind is very old.

Am   **C**
So what do you say,

        E⁷   **Am**
You can't give me the dreams that are mine anyway,

   Fmaj⁷   **Fm**
You're half the world away, half the world away,

cont.
C   C/B   Am
Half the world away.

         D7   Fmaj7sus2 | Fmaj7sus2 ‖
I've been lost, I've been found but I don't feel down.

Link | C | Fmaj7sus2 | C | Fmaj7sus2 ‖

Verse 2
C   Fmaj7sus2
   And when I leave this planet,

   C   Fmaj7sus2
You know I'd stay but I just can't stand it

C   C/B   Am
And I can feel the warning signs,

D7   Fmaj7sus2
Running around my mind.

C   Fmaj7sus2
   And if I could leave this spirit,

   C   Fmaj7sus2
I'd find me a hole and I'll live in it,

      C   C/B   Am
And I   can feel the warning signs,

D7   Fmaj7sus2
Running around my mind.

Chorus 2
Am   C   E7   Am
   Here I go,   I'm still scratching around in the same old hole,

   Fmaj7sus2   D7sus2   G5   G5/F
My body feels young but my mind is very old.

Am   C
  So what do you say,

       E7   Am
You can't give me the dreams that are mine anyway,

      Fmaj7   Fm
You're half the world away, half the world away,

C   C/B   Am
Half the world away.

         D7   Fmaj7sus2
I've been lost, I've been found but I don't feel down.

No I don't feel down, no I don't feel down.

Outro   ‖: C | Fmaj7sus2 | C |Fmaj7sus2 :‖ *Repeat to fade*
         Don't feel down.

Headshrinker

Words & Music by
Noel Gallagher

Intro
| D* | D* | C* | C* | B♭* | G5 F | D | D |

| D | D | C | C | B♭ | G5 F | D | D ‖

Verse 1

   D
I know a girl who's lost and lonely,

      C
She sits by the phone on her own,

           B♭   **G5**   **F**   **D**
But the phone don't ring and the birds don't sing in her tree.

                        C
She lost herself in a haze of pity and doesn't know where to run,

      B♭   **G5**   **F**   **D**
She's a headshrinker now and I think it's time we had some fun.

Chorus 1

   G   **F**   **G**   **D**
Lost in the fog, I've been treated like a dog and I'm outta here.

   G   **F**   **G**   **D**
I got no name and I feel no shame and I got no fear.

   G   **F**   **G**
And I bow down to the tears of a clown,

      D   **F**
What ever's going down is coming around,

           A   **D**   **C G/B** B♭
I hope you don't regret today for the rest of your lives,

   C   **D**   **C G/B** B♭
For the rest of your lives,

   C   **D**   **C G/B** B♭
For the rest of your lives,

      C   **Asus4** **A***
For the rest of your lives.

Solo ‖: D | D | C | C | B♭ | G F | D | D :‖

Chorus 2

G   F   G   D
Lost in the fog, I've been treated like a dog and I'm outta here.
  G   F   G   D
I got no name and I feel no shame and I got no fear.
      G   F   G
And I   bow down to the tears of a clown,
          D   F
What ever's going down is coming around,
                                        A
I hope you don t regret today for the rest of your (lives.)

Link | D | D | C | C | B♭ | G F | D | D |

 lives.

| D | D | C | C | B♭ | G F | D | D ‖

Verse 2 As Verse 1

Chorus 3

G   F   G   D
Lost in the fog, I've been treated like a dog and I'm outta here.
  G   F   G   D
I got no name and I feel no shame and I got no fear.
      G   F   G
And I   bow down to the tears of a clown,
          D   F
What ever's going down is coming around,
                                        A   D   C G/B B♭
I hope you don't regret today for the rest of your lives,
          C   D   C G/B B♭
For the rest of your lives,
          C   D   C G/B B♭
For the rest of your lives,
          C   D   C G/B B♭ C
For the rest of your lives.

Outro ‖: D | C | G/B | B♭ C |

| D | C | G/B | B♭ C :‖ D5/A ‖

67

Hello

Words & Music by Noel Gallagher
(This work includes elements of "Hello Hello I'm Back Again",
Words & Music by Gary Glitter & Mike Leander)

| Am | Fmaj7 | C | G | E | C/B | D | G♯ fr4 |

Intro   ‖: Am Fmaj7 │ Am Fmaj7 │ Am Fmaj7 │ C   G   :‖

Verse 1
    Am   **Fmaj7** **Am**   **Fmaj7**
I don't feel as   if I know you,

       Am   **Fmaj7** **C** **G**
You take up all my time.

      Am   **Fmaj7** **Am**   **Fmaj7** **Am**
The days are long and the nights will throw you a - way

           Fmaj7 **C**   **G**
'Cause the sun don't   shine.

Am   **Fmaj7** **Am**   **Fmaj7**
Nobody ever   mentions the weather

      Am   **Fmaj7**   **C** **G**
Can make or break your   day.

Am   **Fmaj7** **Am**   **Fmaj7**
Nobody ever   seems to remember

Am   **C** **G**
Life is a game we play.

E   **Am**
We live in the shadows and we

Fmaj7   **G**
Had the chance and threw it away.

Chorus 1
          C   **C/B** **Am**
And it's never gonna be the same,

         Fmaj7   **G**
'Cause the years are falling by like rain.

    C   **C/B** **Am**
It's never gonna be the same,

       Fmaj7   **D**
'Til the light by you comes to my house and says hel - (lo.)

Link   │ Am Fmaj7 │ Am Fmaj7 │ Am Fmaj7 │ C   G   ‖
       - lo.

Verse 2

Am   **Fmaj⁷** Am   **Fmaj⁷**
There ain't no sense in   feeling lonely,

    Am   **Fmaj⁷** **C** **G**
They got no faith in   you.

    Am   **Fmaj⁷** **Am**   **Fmaj⁷**
But I've got a feeling   you still owe me,

   Am   **Fmaj⁷**   **C**   **G**
So wipe the shit from your shoes.

Am   **Fmaj⁷** **Am**   **Fmaj⁷**
Nobody ever   mentions the weather

   Am   **Fmaj⁷** **C** **G**
Can make or break your day.

Am   **Fmaj⁷** **Am**   **Fmaj⁷**
Nobody ever   seems to remember

Am   **C** **G**
Life is a game we play.

E   **Am**
We live in the shadows and we

Fmaj⁷   **G**
Had the chance and threw it away.

Chorus 2

     C   **C/B** **Am**
And it's never gonna be the same,

        Fmaj⁷   **G**
'Cause the years are falling by like rain.

   C   **C/B** **Am**
It's never gonna be the same,

     Fmaj⁷   **D**
'Til the light by you comes to my house and says:

Outro

    Fmaj⁷ **G**   **Am**
Hello, hello, (it's good to be back, it's good to be back.)

    Fmaj⁷ **G**   **Am**
Hello, hello, (it's good to be back, it's good to be back.)

    Fmaj⁷ **G**   **Am**
Hello, hello, (it's good to be back, it's good to be back.)

    Fmaj⁷ **G**   **Am**
Hello, hello, hello.

Coda   ‖: **Fmaj⁷** | **G** | **Am** | **Am** :‖ *Play 3 times*

           | **Fmaj⁷** | **G** **G♯** | **Am** ‖

Hey Now!

Words & Music by
Noel Gallagher

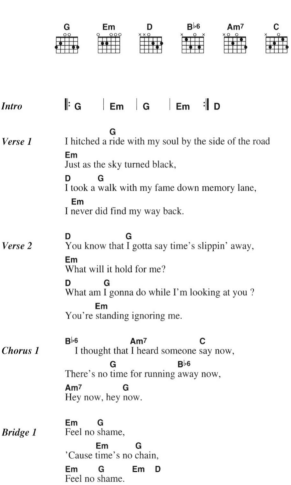

Intro ‖: G | Em | G | Em :‖ D

Verse 1

       G
I hitched a ride with my soul by the side of the road
Em
Just as the sky turned black,

D   **G**
I took a walk with my fame down memory lane,

   Em
I never did find my way back.

Verse 2

   D   **G**
You know that I gotta say time's slippin' away,

Em
What will it hold for me?

D   **G**
What am I gonna do while I'm looking at you ?

    Em
You're standing ignoring me.

Chorus 1

B♭6   **Am7**   **C**
  I thought that I heard someone say now,

       G   **B♭6**
There's no time for running away now,

Am7   **G**
Hey now, hey now.

Bridge 1

Em   **G**
Feel no shame,

      Em   **G**
'Cause time's no chain,

Em   **G**   **Em**   **D**
Feel no shame.

Verse 3

       G
The first thing I saw, as I walked through the door,

       Em
Was a sign on the wall that read.

D   G
It said "You might never know that I want you to know

      Em   D
What's written inside of your head".

Verse 4

       G
And time as it stands won't be held in my hands

       Em
Or living inside of my skin.

D   G
And as it fell from the sky I asked myself why,

       Em
Can I never let anyone in?

Chorus 2   As Chorus 1

Bridge 2   As Bridge 1

Guitar solo   Chords as Verse and Chorus

Bridge 3   As Bridge 1

Verse 5   As Verse 1

Verse 6   As Verse 2

Chorus 3

B♭6   Am7   C
  I thought that I heard someone say now,

         G   B♭6
There's no time for running away now,

Am7   C   G
Hey now, hey now, hey now,

B♭6   Am7   C   G
Hey now, hey now, hey now, hey now,

B♭6   Am7   G
Hey now, hey now, hey now.

Bridge 4   ‖: Feel no shame 'cause time's no chain. :‖ *Repeat Bridge 4 to fade*
          Em   G   Em   G

The Hindu Times

Words & Music by
Noel Gallagher

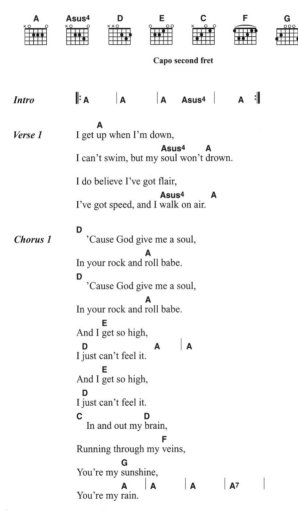

A | Asus4 | D | E | C | F | G | A7

Capo second fret

Intro ‖: A | A | A Asus4 | A :‖

Verse 1
     A
I get up when I'm down,
         Asus4   **A**
I can't swim, but my soul won't drown.

I do believe I've got flair,
          Asus4   **A**
I've got speed, and I walk on air.

Chorus 1
     D
       'Cause God give me a soul,
          A
In your rock and roll babe.
     D
       'Cause God give me a soul,
          A
In your rock and roll babe.
       E
And I get so high,
     D   **A** | **A**
I just can't feel it.
      E
And I get so high,
     D
I just can't feel it.
   C   **D**
    In and out my brain,
              F
Running through my veins,
        G
You're my sunshine,
        A | **A** | **A** | **A7** |
You're my rain.

| | A |
| *Verse 2* | There's a light, that shines on, |

Shines on me,

       Asus⁴   **A**
And it keeps me warm.

It gave me peace, I must say.

I can't sleep,

        Asus⁴   **A**
'Cause the world won't wait.

Chorus 2   As Chorus 1

Interlude | **D** | **D** | **A** | **A** |

             | **D** | **D** | **A** | **A** |

             E
Chorus 3   And I get so high,

      D   **A** | **A**
I just can't feel it.

      E
And I get so high,

      D   **A** | **A**
I just can't feel it.

      E
And I get so high,

      D   **A** | **A**
I just can't feel it.

      E
And I get so high,

      D
I just can't feel it.

C   **D**
  In and out my brain,

               F
Running through my veins,

        G
You're my sunshine,

         A | **A** | **A** | **A⁷** |
You're my rain.

Outro | **A** | **A** | **A** | **A⁷** |

        | 𝄐
        | **A**   ‖

Hung In A Bad Place

Words & Music by
Gem Archer

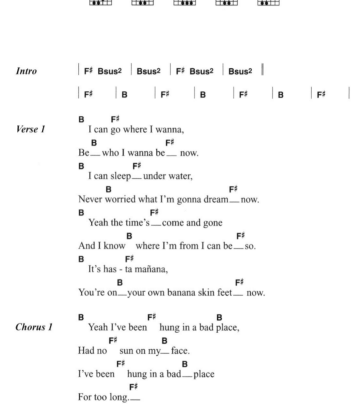

Intro | F♯ Bsus2 | Bsus2 | F♯ Bsus2 | Bsus2 ‖

| F♯ | B | F♯ | B | F♯ | B | F♯ |

Verse 1

B   F♯
I can go where I wanna,

   B   F♯
Be ___ who I wanna be ___ now.

B   F♯
I can sleep ___ under water,

       B   F♯
Never worried what I'm gonna dream ___ now.

B   F♯
   Yeah the time's ___ come and gone

           B   F♯
And I know   where I'm from I can be ___ so.

B   F♯
   It's has - ta mañana,

         B   F♯
You're on ___ your own banana skin feet ___ now.

Chorus 1

B   F♯   B
  Yeah I've been   hung in a bad place,

        F♯   B
Had no   sun on my ___ face.

       F♯   B
I've been   hung in a bad ___ place

       F♯
For too long. ___

Verse 2

    B   **F♯**
I can say__ what I wanna,

B   **F♯**
Feel__ how I wanna feel__ now.

B   **F♯**   **B**
  I can squeeze__ all the hours I choose__

               F♯
To devour with ease__now.

B   **F♯**
  I can sing__ to the trees,

         B   **F♯**   **B**
Tarzan on__ harmonies for free__ yeah.

               F♯
You've been blocked and you're stalling

   B   **F♯**
Na - ture is calling for me__ (you got me!)

Chorus 2   As Chorus 1

Link 1 | **B** | **B** |

Guitar Solo | **F♯** | **B** | **F♯** | **B** |

                | **F♯** | **B** | **N.C.** | **N.C.** ‖

           F♯   **B**   **F♯** **B**
Middle   Ah,   ah,   ah,   ah.

           F♯   **B**   **F♯** **B**
          Ah,   ah,   ah,   ah.

Chorus 3   As Chorus 1

         F♯
Link 2   For too long

             B
For too long,   for too long

            F♯
For too long,   for too long

            B
For too long,   for too long

                | **F♯** | **B** | **F♯** | **B** |
For too long._____

Outro | **F♯** | **F♯** | **F♯** | **F♯** |

                               ⌢   ⌢
      | **F♯** **B5** | **B5** | **B5** | **F♯5** ‖

I Am The Walrus

Words & Music by
John Lennon & Paul McCartney

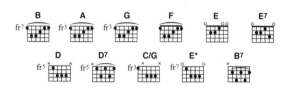

Intro

N.C.
It doesn't matter if it's out of tune,

It doesn't it matter if it's out of tune, 'cos you're cool.

| B A | G F E | E   D7 ‖

Verse 1

    A   **C/G**
I am he as you are he,
      D   **E***   **A**
As you are me and we are all together.
C
See how they run like pigs from a gun,
     D   **A**
See how they fly, I'm crying.

Verse 2

    A   **C/G**   **D**
Sitting on a cornflake,
E*   **A**
Waiting for the van to come.
F
Corporation T-shirt stupid bloody Tuesday,
B7
Man, you been a naughty boy, you let your face grow long.

Chorus 1

          C   **D**
I am the eggman, they are the eggmen,
        E*
I am the walrus,

Goo goo g'joob.

Verse 3

   A   **C/G**   **D**   **E***   **A**
Mr. City p'licemen sitting pretty little policemen in a row.

C
See how they fly like Lucy in the sky,

     D   **A**
See how they run, I'm crying.

   C
I'm cry - ing,

   A
I'm crying,

   E*   **D7**
I'm cry - ing.

Verse 4

   A   **C/G** **D**
Yellow matter custard,

E*   **A**
Dripping from a dead dog's eye.

F
Crabalocker fishwife, pornographic priestess,

B7
Boy, you been a naughty girl, you let your knickers down.

Chorus 2

      C   **D**
I am the eggman, they are the eggmen,

      E*
I am the walrus,

Goo goo g'joob.

Goo goo g'joob.

Link

| **B**   **A** | **G**   **F** | **E** | **E** | ‖

Bridge 1

B   **A**   **G**   **F**   **E**
Sitting in an English garden, waiting for the sun.

F   **E**
   If the sun don't come, you get a tan,

From standing in the English rain.

Chorus 3

        C   **D**
'Cos I am the eggman, they are the eggmen,

      E*
And I am the walrus,

Goo goo g'joob.

D7
Goo goo goo g'joob.

Verse 5

A   C/G
Expert texpert choking smokers,
D   E*   A
Don't you think the joker laughs at you?
C
See how they smile like pigs in the sty,
          D   A
See how they snied, I'm crying.

Verse 6

A   C/G D
Semolina pilchards,
E   A
Climbing up the Eiffel Tower.
F
Elementary penguin singing Hare Krishna,
    B7
Man, you should have seen them,

Kicking Edgar Allen Poe.

Chorus 4

            C   D
I am the eggman, they are the eggmen,
        E*
I am the walrus,

Goo goo g'joob,
D7
Goo goo goo g'joob,
C
Goo goo g'joob,
                B7
Goo goo goo g'joob, goo.
(B7)   A
Joob-a, joob-a, joob-a,
          G
Joob, joob, joob-a,
          F
Joob, joob, joob-a,
          E
Joob, joob, joob-a,

Joob, joob, (joob-a)

Outro

                                1-24.
‖: B | A | G | F | E :‖ *Play 25 times*
  joob-a.

25.
| E ‖

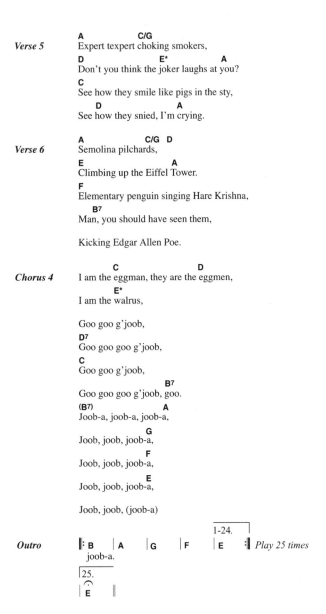

I Can See A Liar

Words & Music by
Noel Gallagher

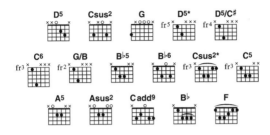

Intro	‖: D5 Csus2 D5 | N.C. | D5 Csus2 D5 | G :‖
	| G | G | G ‖

Verse 1

    D5*   D5/C#
    Baby the time is right

      C6   G/B
To tell it all like it is,

    D5*   D5/C#
    And now that I feel God-like

        C6   G/B
There's nothing that can't be kissed.

    D5*   D5/C#
    The name of a lonely soul,

     C6   G/B
Is scratched into my brain,

    D5*   D5/C#
    He thought he was King Creole

      C6
Until he found out,

     G/B   B♭5
Until he found out.

Pre-chorus 1
    B♭6   **Csus2***
He sits upon a throne,

            D5   **C5**   **B♭5** **B♭6**
He lives a slea - zy lie,

                  A5 **Asus2**
But he's all alone again,

  Cadd9
Again.

Chorus 1
D5   **Csus2** **D5**   **G**
I can see a   liar,

D5   **Csus2**   **D5**   **G**
Sitting by the   fire,

D5   **Csus2**   **D5**   **G**
Trouble in his heart,

D5   **Csus2**   **D5**
Laughing at   the thought,

G
Coming as he goes into overdose.

I wonder what he thinks of me?

Verse 2
D5*   **D5/C♯**
   Baby the time is right

  C6   **G/B**
To tell it all like it is,

D5*   **D5/C♯**
   And now that I feel God-like

    C6   **G/B**
There's nothing that can't be kissed.

Pre-chorus 2
    B♭6   **Csus2***
He sits upon a throne,

            D5   **C5**   **B♭5** **B♭6**
He lives a slea - zy lie,

                  A5 **Asus2**
But he's all alone again,

  Cadd9
Again.

Chorus 2
D5   **Csus2** **D5**   **G**
I can see a   liar,

D5   **Csus2**   **D5**   **G**
Sitting by the   fire,

D5   **Csus2**   **D5**   **G**
Trouble in his heart,

cont.

      D5   **Csus2**   **D5**
He's laughing at the thought,

G
Coming as he goes into overdose.

I wonder what he thinks of me?

Solo | **B♭** | **F** | **G** | **G** |

         | **B♭** | **F** | **A5** | **Cadd9** ||

Chorus 3

D5   **Csus2 D5**   **G**
Baby you're a   liar,

D5   **Csus2 D5**   **G**
Sitting by the   fire,

D5   **Csus2**   **D5**   **G**
Trouble in your heart,

      D5   **Csus2**   **D5 G**
You're laughing at the thought,

      D5   **Csus2 D5**   **G**
Yeah baby you're a   liar,

D5   **Csus2 D5**   **G**
Sitting by the   fire,

D5   **Csus2**   **D5**   **G**
Trouble in your heart,

      D5   **Csus2**   **D5**
You're laughing at the thought,

G
Coming as you go into overdose.

                          D5 **Csus2** **D5**
I wonder what you think of me?

I Hope, I Think, I Know

Words & Music by
Noel Gallagher

D   Em   G5   Bm   A   Asus2   Dsus4   F#7sus4

Intro   ‖: D   Em | G5 | Bm   A | G5   :‖

Verse 1
D   Em   G5
They're trying hard to put me in my place,
   Bm   A   G5
And that is why I gotta keep running.
        D   Em   G5
The future's mine and it's no disgrace,
   Bm   A   G5
'Cos in the end the past means nothing.

Verse 2
        D   Em   G5
You tell me I'm free then you tie me down,
   Bm   A   G5
And from my chains I think it's a pity.
D   Em   G5
What did it cost you to wear my crown,
   Bm   A   G5
You don't like it, so why don't you admit it.

Bridge 1
   Asus2   Em
I feel a little down today?
        G5   D   Dsus4
And I ain't got much to say?
   D   Asus2   Em
You're gonna miss me when I'm not there,
              G5
And you know I don't care, you know I don't care.

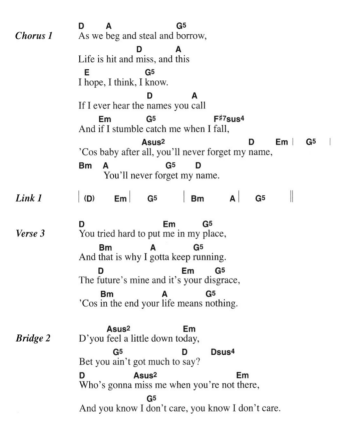

Chorus 1

D   A   G5
As we beg and steal and borrow,

                      D   A
Life is hit and miss, and this

  E   G5
I hope, I think, I know.

                   D   A
If I ever hear the names you call

       Em   G5   F#7sus4
And if I stumble catch me when I fall,

                    Asus2   D   Em   G5
'Cos baby after all, you'll never forget my name,

Bm   A   G5   D
    You'll never forget my name.

Link 1

| (D)   Em | G5 | Bm   A | G5   ‖

Verse 3

D   Em   G5
You tried hard to put me in my place,

      Bm   A   G5
And that is why I gotta keep running.

    D   Em   G5
The future's mine and it's your disgrace,

      Bm   A   G5
'Cos in the end your life means nothing.

Bridge 2

      Asus2   Em
D'you feel a little down today,

     G5   D   Dsus4
Bet you ain't got much to say?

D   Asus2   Em
Who's gonna miss me when you're not there,

         G5
And you know I don't care, you know I don't care.

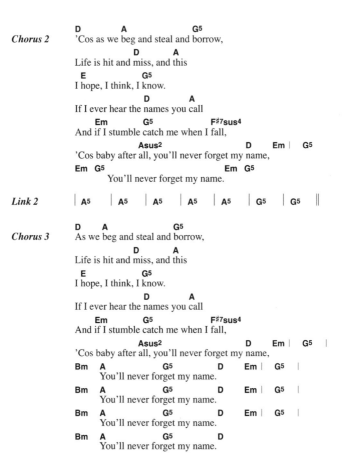

Chorus 2

D   A   G5
'Cos as we beg and steal and borrow,

             D   A
Life is hit and miss, and this

E   G5
I hope, I think, I know.

             D   A
If I ever hear the names you call

     Em   G5   F#7sus4
And if I stumble catch me when I fall,

              Asus2   D   Em | G5
'Cos baby after all, you'll never forget my name,

Em G5   Em G5
        You'll never forget my name.

Link 2

| A5 | A5 | A5 | A5 | A5 | G5 | G5 ||

Chorus 3

D   A   G5
As we beg and steal and borrow,

             D   A
Life is hit and miss, and this

E   G5
I hope, I think, I know.

             D   A
If I ever hear the names you call

     Em   G5   F#7sus4
And if I stumble catch me when I fall,

              Asus2   D   Em | G5 |
'Cos baby after all, you'll never forget my name,

Bm A   G5   D   Em | G5 |
        You'll never forget my name.

Bm A   G5   D   Em | G5 |
        You'll never forget my name.

Bm A   G5   D   Em | G5 |
        You'll never forget my name.

Bm A   G5   D
        You'll never forget my name.

It's Gettin' Better (Man!!)

Words & Music by
Noel Gallagher

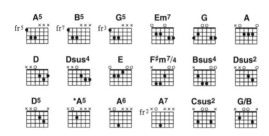

Intro ‖: **A5** | **A5** | **A5** | **A5** :‖

Verse 1
    A5
Say something,
             B5   **G5**   **A5**
Shout it from the rooftops of your head.
           A5
Make it sort of mean something,
        B5
Make me understand
    G5   **A5**
Or I'll forget.

Verse 2
             A5
The people here on life's beaches,
             B5   **G5**   **A5**
They wish upon the waves that hide the sand.
          A5
Let them know that life teaches you
   B5   **G5**   **A5**
To build a castle in your hand.

```
                   Em7            G         A
Bridge 1    Maybe the songs that we sing are wrong,
                   Em7             G          A
            Maybe the dreams that we dream are gone,
                       Em7           G         D
            So bring it on home and it won't be long,
                  Dsus4  D          Dsus4  D        A  E  F#m7/4
            Oh, oh, oh,     it's gettin' better   man!

            (F#m7/4)                          A       E  F#m7/4
Chorus 1    Hey! What was that you said to me?
                                          A      E  F#m7/4
            Just say the word and I'd be free?
                                               Bsus4    Dsus2
            And where the stars are shining bright,
                                       A      E  F#m7/4
            We're gettin' better man!
                                     A       E  F#m7/4
            And crashing in upon a wave
                                        A       E  F#m7/4
            It's calling out beyond the grave
                                       Bsus4   Dsus2
            And we're the fire in the sky,
                                     D5
            It's gettin' better man!

Link 1      ||: *A5      A6 |          A7 |     A6   *A5 | *A5          :||

            A5
Verse 3     Build something,
                     B5                 G5     A5
            Build a better place and call it home.
                         A5
            Even if it means nothing,
                                  B5        G5        A5
            You'll never ever feel that you're alone.

Bridge 2    As Bridge 1

            (F#m7/4)                          A       E  F#m7/4
Chorus 2    Hey! What was that you said to me?
                                          A      E  F#m7/4
            Just say the word and I'd be free?
                                               Bsus4    Dsus2
            Yeah, as the fire in the sky,
                                        A      E  F#m7/4
            It's gettin' better man!
```

cont.

               A   **E** **F♯m⁷/⁴**
And crashing in upon a wave

             A   **E** **F♯m⁷/⁴**
It's calling out beyond the grave

             Bsus⁴ **Dsus²**
And we're the fire in the sky,

It's gettin' better man!

Link 2   ‖: **D5** | **D5** | **D5** | **D5** :‖

Solo   ‖: **D** **Csus²** **G/B**| **Csus²**   :‖ *Play 8 times*

        ‖: **D5** | **D5** | **D5** | **D5** | **D5** | **D5** |

        | **D5** | **D5**   :‖ **A** **E** **F♯m⁷/⁴** |
                 It's gettin' better now.

Chorus 3

(F♯m⁷/⁴)   **A**   **E** **F♯m⁷/⁴**
Hey! What was that you said to me?

              A   **E** **F♯m⁷/⁴**
You told me one day I'd be free.

             Bsus⁴ **D**
And when the fire's burning bright,

             A   **E** **F♯m⁷/⁴**
I'm gettin' better man!

             A   **E** **F♯m⁷/⁴**
And crashing in upon a wave,

             A   **E** **F♯m⁷/⁴**
It's calling out beyond the grave,

             Bsus⁴ **D**
And when the stars are in the sky,

We're gettin' better man!

Outro   ‖: **A**   **E**   **F♯m⁷/⁴**
               Yeah, we're gettin' better man.

        A   **E**   **F♯m⁷/⁴**
               Yeah, we're gettin' better man.

        A   **E**   **F♯m⁷/⁴**   **Bsus⁴**
               Yeah, we're gettin' better man.

D
Yeah, we're gettin' better man. :‖ *Play 8 times*

      | **D** | **D** | **A5**   ‖

The Importance Of Being Idle

Words & Music by
Noel Gallagher

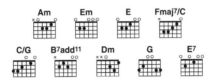

Am   Em   E   Fmaj7/C

C/G   B7add11   Dm   G   E7

Intro | Am Em | Am Em | Am Em | Am E Am |

| Am | Am | Am | Am ‖

Verse 1
    Am   **Fmaj7/C**
I sold my soul for the se - cond time,
             C/G   **B7add11** **E**
'Cos the man, he don't pay   me.
    Am   **Fmaj7/C**
I begged my landlord for some more time,
          C/G   **B7add11** **E**
He said "Son, the bills are wait - ing".

Verse 2
        Am   **Fmaj7/C**
My best friend called me the other night,
         C/G   **B7add11** **E**
He said "Man, are you cra - zy?"
                   Fmaj7/C
My girlfriend told me to get a life
        C/G   **B7add11** **E**
She said "Boy, you la - zy".

Chorus 1
Dm   **Am**
  But I don't mind,
  Dm   **Am**   **Dm**
As long as there's a bed beneath the stars that shine.
    Am
I'll be fine,
    Fmaj7/C
If you give me a minute,

cont.　　　　A mans got a limit,

　　　　G　　　　　　　　　E7
　　　　I can't get a life if my heart's not in it. Hey, hey, (yeah.)

Interlude　| Am　　　| Fmaj7/C　| C/G　　　| B7add11 E |
　　　　　　yeah.
　　　　　　| Am　　　| Fmaj7/C　| C/G　　　| B7add11 E ‖

Solo　　　| Am　　　| Fmaj7/C　| C/G　　　| B7add11 E |

　　　　　　| Am　　　| Fmaj7/C　| C/G B7add11| E　　　　　‖

Chorus 2　As Chorus 1

Link　　　| Am　　Em | Am　　Em | Am　　Em | Am E Am ‖
　　　　　　Yeah.

　　　　　　Am　　　　　　　　Fmaj7/C
Verse 3　I lost my faith in the sum - mertime,

　　　　　　　　C/G　　　B7add11 E
　　　　　　'Cos it don't stop rain　-　ing.

　　　　　　Am　　　　　　　　Fmaj7/C
　　　　　　The sky all day is as black as night

　　　　　　　　C/G　　　B7add11 E
　　　　　　But I'm not com - plain　-　ing.

　　　　　　Am　　　　　　　　Fmaj7/C
Verse 4　I begged my doctor for one more line,

　　　　　　　　C/G　　　B7add11 E
　　　　　　He said "Son, words fail　　me

　　　　　　Am　　　　　　　　Fmaj7/C
　　　　　　It ain't your place to be kill - ing time."

　　　　　　　　C/G　　　B7add11 E
　　　　　　I guess I'm just la　-　zy.

Chorus 3　As Chorus 1

Outro　　| Am　　Em | Am　　Em | Am　　Em | Am E Am ‖

It's Better People

Words & Music by
Noel Gallagher

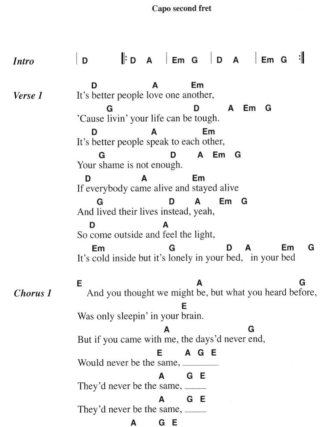

Capo second fret

Intro | D |: D A | Em G | D A | Em G :|

Verse 1
```
        D              A        Em
It's better people love one another,
        G              D      A  Em  G
'Cause livin' your life can be tough.
   D              A            Em
It's better people speak to each other,
        G              D    A  Em  G
Your shame is not enough.
   D              A       Em
If everybody came alive and stayed alive
        G              D     A   Em  G
And lived their lives instead, yeah,
        D              A
So come outside and feel the light,
        Em              G         D   A    Em   G
It's cold inside but it's lonely in your bed,  in your bed
```

Chorus 1
```
E                         A                          G
  And you thought we might be, but what you heard before,
                          E
Was only sleepin' in your brain.
                      A               G
But if you came with me, the days'd never end,
                      E     A  G  E
Would never be the same, _____
                          A    G  E
They'd never be the same, _____
                          A    G  E
They'd never be the same, _____
                      A    G  E
Never be the same. _____ Yeah.
```

Link | D A | Em G | D A | Em G ‖

Verse 2

      D   A   Em
It's better people love one another,
        G   D   A Em G
'Cause livin' your life can be tough.
      D   A   Em
It's better people speak to each other,
       G   D   A Em G
Your shame is not enough.
      D   A   Em
If everybody came alive and stayed alive
       G   D   A   Em G
And lived their lives instead, yeah,
      D   A   Em
So come outside and feel the light,
      Em   G   D A   Em   G
It's cold inside and it's lonely in your bed,   in your bed

Chorus 2

E   A   G
   And you thought we might be, but what you heard before,
              E
Was sleepin' in your brain.
              A   G
But if you came with me, the days'd never end,
              E   A G E
Would never be the same, _____
                  A   G E
They'd never be the same, _____
                     A   G E
They'd just go by a different name, _____
            A   G E
Never be the same. _____

Play 5 times

Solo   ‖: D A | Em G | D A | Em G :‖ D   ‖

(It's Good) To Be Free

Words & Music by
Noel Gallagher

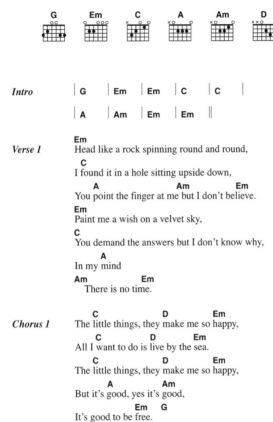

| G | Em | C | A | Am | D | D/F# |

Intro | G | Em | Em | C | C | |
| A | Am | Em | Em ||

Verse 1
Em
Head like a rock spinning round and round,
C
I found it in a hole sitting upside down,
A   Am   Em
You point the finger at me but I don't believe.
Em
Paint me a wish on a velvet sky,
C
You demand the answers but I don't know why,
A
In my mind
Am   Em
There is no time.

Chorus 1
C   D   Em
The little things, they make me so happy,
C   D   Em
All I want to do is live by the sea.
C   D   Em
The little things, they make me so happy,
A   Am
But it's good, yes it's good,
Em   G
It's good to be free.

Verse 2

      Em
So what would you say if I said to you,

      C
It's not in what you say, it's in what you do.

     A   **Am**   **Em**
You point the finger at me but I don't believe.

Em
Bring it on home to where we found,

     C
My head is like a rock sitting upside down,

A
In my mind

Am   **Em**
   There is no time.

Chorus 2

     C   **D**   **Em**
The little things, they make me so happy,

     C   **D**   **Em**
All I want to do is live by the sea.

     C   **D**   **Em**
The little things, they make me so happy,

        A   **Am**
But it's good, yes it's good,

        Em
It's good to be free.

       A   **Am**
Yeah it's good, yes it's good,

        Em
It's good to be free.

Solo

‖: **G** **D/F♯** | **Em** | **C** **D** | **Em**   :‖ *Play 3 times*

| **D** **D/F♯** | **Em** | **A** | **Am** | **Em** |

| **Em** | **A** | **Am** | **Em** ‖

Keep The Dream Alive

Words & Music by
Andy Bell

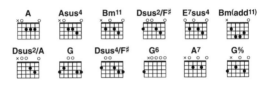

Capo second fret

Intro
    | A   Asus⁴ | Bm¹¹ Dsus2/F♯ | A   Asus⁴ | Bm¹¹ Dsus2/F♯ ‖
                                                     (Four)

Verse 1
            A   **Asus⁴ Bm¹¹**   **Dsus2/F♯** **A**   **Asus⁴ Bm¹¹ Dsus2/F♯**
Four seasons, seconds flicker and flash, I'm a - lone.

           A   **Asus⁴**   **Bm¹¹**   **Dsus2/F♯** **E7sus⁴**
A lonely scream pro - vides the scene, it's no home.

    Dsus2/F♯   **Bm(add¹¹)**
Every night I hear you scream,

       Dsus2/A   **G**   **Dsus4/F♯**
But you don't say what you mean.

           A   **Asus⁴**   **Bm¹¹**   **Dsus2/F♯ A**   **Asus⁴ Bm¹¹ Dsus2/F♯**
This was my dream, but now my dream has flown.

Verse 2
          A   **Asus⁴**   **Bm¹¹**   **Dsus2/F♯ A**   **Asus⁴ Bm¹¹ Dsus2/F♯**
I'm at the crossroads waiting for a   sign,

         A   **Asus⁴**   **Bm¹¹**   **Dsus2/F♯** **E7sus⁴**
My life is standing still, but I'm still a - live.

    Dsus2/F♯   **Bm(add¹¹)**
Every night I think I know,

    Dsus2/A   **G**   **Dsus4/F♯**
In the morning where did it go.

        A   **Asus⁴ Bm¹¹**   **Dsus2/F♯ A**   **Asus⁴ Bm¹¹ Dsus2/F♯**
The answers disap - pear when I open my eyes.

Chorus 1
  A
I'm no stranger to this place,

Where real life and dreams collide,

     G⁶
And even though I fall from grace,

cont.
A
I will keep the dream alive.
G6   **Dsus2/F♯ A   Asus4 Bm11 Dsus2/F♯**
I will keep the dream a - live.

Link 1 ‖: **A   Asus4** | **Bm11 Dsus2/F♯** :‖ **A   Asus4** | **Bm11 Dsus2/F♯** ‖
  (Four)

Verse 3 As Verse 1

Chorus 2 ‖: **A**
 I'm no stranger to this place,

Where real life and dreams collide,
 G6
And even though I fall from grace,
 A
I will keep the dream alive. :‖

Solo ‖: **A** | **A** | **A** | **A** |
   | **G6** | **G6** | **A** | **A** :‖

Chorus 3 **A**
Na na na na na na na,

Na na na na na na na,
G6
Na na na na na na na,
A
Na na na na na na na.

Solo 2 | **A** | **A** | **A** | **A** |
   | **G6** | **G6** | **A** | **A** ‖

Outro ‖: **A A7** | **A A7** | **A A7** | **A A7** |
   | **G%** | **G%** | **A A7** | **A A7** :‖ *Repeat to fade*

Let There Be Love

Words & Music by
Noel Gallagher

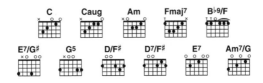

Intro | C | Caug | C | Caug ‖

Verse 1
(Caug)   C   Caug   Am Fmaj7
Who kicked a hole in the sky so the heavens would cry over me?
                    C   Caug   Am Fmaj7
Who stole the soul from the sun in a world come undone at the seams?

Chorus 1
Fmaj7   C   B♭9/F
Let there be love,
                Am Fmaj7
Let there be love.

Verse 2
              C   Caug   Am   Fmaj7
I hope the weather is calm as you sail up your heavenly stream.
              C   Caug   Am   Fmaj7
Suspended clear in the sky are the words that we sing in our dreams.

Chorus 2
Fmaj7   C   B♭9/F
Let there be love,
                Am Fmaj7
Let there be love,
            C   B♭9/F
Let there be love,
                Am Fmaj7
Let there be love.

Bridge

C   E7/G♯
Come on baby blue,

              G5
Shake up your tired eyes,

              D/F♯
The world is waiting for you.

     Fmaj7   D7/F♯   G5   E7
May all your dreaming fill the empty sky.

         Am
But if it makes you happy,

C
Keep on clapping,

E7   Am Am7/G
Just remember I'll be by your side.

        Fmaj7   D7/F♯   G5 E7
And if you don't let go, it's gonna pass you by. ____

Interlude ‖: Fmaj7 | D7/F♯ | G5 | E7   :‖ 𝄐E7   ‖

Verse 3

             C   Caug   Am Fmaj7
Who kicked a hole in the sky so the heavens would cry over me?

             C   Caug   Am Fmaj7
Who stole the soul from the sun in a world come undone at the seams?

Chorus 3

    Fmaj7   C   B♭9/F
‖: Let there be love,

            Am Fmaj7
Let there be love,

           C   B♭9/F
Let there be love,

           Am Fmaj7
Let there be love, :‖

Fmaj7   C   B♭9/F
Let there be love.

Outro ‖: C | C B♭9/F | C | C B♭9/F :‖ C   ‖

Let's All Make Believe

Words & Music by
Noel Gallagher

Dm	Dmaug	Fmaj7/C	A	Asus4	D	B♭	Am

Intro | Dmaug | Dmaug | Dm | Dmaug |

| Dm | Dmaug | Fmaj7/C | A | Asus4 A ‖

Verse 1

   D   Dmaug   Fmaj7/C
Is anyone here prepared to say

             A   D
Just what they mean, or is it too late

         Dmaug   Fmaj7/C
For anyone here, to try to do

         A   B♭
Just what it takes to get through to you.

Chorus 1

            Fmaj7/C
So let's all make believe

         A   B♭
That we're still friends and we like each other.

        Fmaj7/C
Let's all make believe,

   A   Asus4   A   D
In the end we're gonna need each other.

Verse 2

   D   Dmaug   Fmaj7/C
Stradle my hope and make me pray

          A   D
To a God I've never seen, but who I've betrayed,

         Dmaug   Fmaj7/C
To the people who live, the earth, the life,

        A   B♭
In a place I'll never be 'til I'm crucified.

Chorus 2

         Fmaj7/C
So let's all make believe

      A   **B♭**
That we're still friends and we like each other.

        Fmaj7/C
Let's all make believe,

  A   **B♭**
In the end we'll need each other.

       Fmaj7/C
Let's all make believe

      A   **B♭**
That all mankind's gonna feed our brother.

        Fmaj7/C
Let's all make believe,

     A   **Asus4** **A**
That in the end we'll all   grow (up.)

Bridge

| **Dm** | **Am** | **Dm** | **Am** | |

up.

| **Dm** | **Am** | **A** | **Asus4** **A** ‖

Chorus 3

B♭   **Fmaj7/C**
So let's all make believe

      A   **B♭**
That we're still friends and we like each other.

        Fmaj7/C
Let's all make believe,

  A   **B♭**
In the end we'll need each other.

       Fmaj7/C
Let's all make believe

      A   **B♭**
That all mankind's gonna feed our brother.

        Fmaj7/C
Let's all make believe,

     A
That in the end we'll all grow (up.)

Coda

| **Dm** | **Dm aug** | **Dm** | **Dm aug** | |

up.

| **Dm** | **Dm aug** | **Dm** | **Dm aug** | **Dm** | ‖

99

Listen Up

Words & Music by
Noel Gallagher

F#m11   Asus2   D   E   F#m

F#m(maj7)   F#m7   B7   A/C#   Bm7

Intro
| Drums | Drums | F#m11 | F#m11 |

‖: F#m11 Asus2 | E D | Asus2 | Asus2 :‖

Verse 1

F#m11 Asus2 E D Asus2
Listen up what's the time? Said today I'm gonna speak my mind.

F#m11 Asus2 E D Asus2
Take me up to the top of the world, I wanna see my crime.

F#m Asus2 E
Day by day there's a man in a suit

D Asus2
Who's gonna make you pay

F#m   Asus2
For the thoughts that you think

F#m D Asus2
And the words they won't let you say.

Pre-chorus 1

F#m F#m(maj7) F#m7 B7
One fine day gonna leave you all behind.

Bm7 D E
It wouldn't be so bad if I had more time.

Chorus 1

D A/C# E
Sailing down the river alone,

D A/C# F#m
I've been trying to find my way back home

D A/C# D A/C#
But I don't believe in magic, life is automatic

B7 D Asus2
But I don't mind being on my own,

B7 D Asus2
No I don't mind being on my own.

Verse 2   As Verse 1

Pre-chorus 2   As Pre-chorus 1

Chorus 2
D   **A/C♯** **B7**
Sailing down a river alone,
          D   **A/C♯**   **F♯m**
I've been trying to find my way back home
          D   **A/C♯** **D**   **A/C♯**
But I don't believe in magic, life is automatic
          B7   **D**   **Asus2**
But I don't mind being on my own,
          B7   **D**   **Asus2**
No I don't mind being on my own,
          B7   **D**   **Asus2**
But I don't mind being on my own,
                    B7   **D**
Said that I don't mind being on my (own.)

Link   𝄆 **Asus2** │ **Asus2** │ **Asus2** │ **Asus2** 𝄇
              own.

Instrumental 𝄆 **F♯m11 Asus2** │ **E** **D** │ **Asus2** │ **Asus2** 𝄇

              │ **F♯m**│**F♯m(maj7)** │ **F♯m7**│ **B7** │ **Bm7** │ **D** │ **E** │ **E** ‖

Chorus 3
D   **A/C♯** **E**
Sailing down the river alone,
              D   **A/C♯**   **F♯m**
I've been trying to find my way back home
          D   **A/C♯** **D**   **A/C♯**
But I don't believe in magic, life is automatic
          B7   **D**   **Asus2**
But I don't mind being on my own,
          B7   **D**   **Asus2**
I said that I don't mind being on my own,
          B7   **D**   **Asus2**
No I don't mind being on my own,
          B7   **D**   **Asus2**
I said that I don't mind being on my own,
          B7   **D**   **Asus2**
No I don't mind being on my own,
                    B7   **D**
I said that I don't mind being on my (own.)

Outro   𝄆 **Asus2** │ **Asus2** │ **Asus2** │ **Asus2** 𝄇 *Repeat to fade*
              own.

Little By Little

Words & Music by
Noel Gallagher

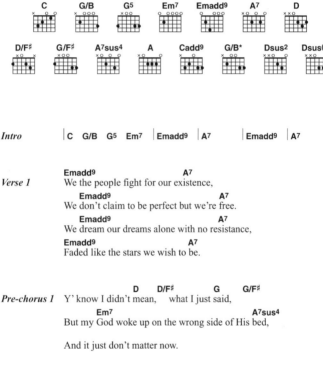

Intro | C G/B G⁵ Em⁷ | Emadd⁹ | A⁷ | Emadd⁹ | A⁷ |

<pre>
              Emadd⁹   A⁷
Verse 1   We the people fight for our existence,
                  Emadd⁹   A⁷
              We don't claim to be perfect but we're free.
                  Emadd⁹   A⁷
              We dream our dreams alone with no resistance,
              Emadd⁹   A⁷
              Faded like the stars we wish to be.
</pre>

<pre>
                          D   D/F♯   G   G/F♯
Pre-chorus 1 Y' know I didn't mean,   what I just said,
                          Em⁷   A⁷sus⁴
                But my God woke up on the wrong side of His bed,

                And it just don't matter now.
</pre>

<pre>
              G⁵   D   A   Em⁷   D/F♯
Chorus 1   Little by little, we gave you everything you ever dreamed of.
              G⁵   D   A   Em⁷   D/F♯
              Little by little, the wheels of your life have slowly fallen off.
              G⁵   D   A   Em⁷ D/F♯
              Little by little, you have to live it all in all your life,
              G⁵   D   Cadd⁹   G/B*   A⁷sus⁴
              And all the time, I just ask myself why   are you really here?
</pre>

Verse 2

    Emadd9   A7
True perfection has to be imperfect,
    Emadd9   A7
I know that that sounds foolish but it's true.
      Emadd9   A7
The day has come and now you'll have to accept,
      Emadd9   A7
The life inside your head we gave to you.

Pre-chorus 2   As Pre-chorus 1

Chorus 2

G5   D   A   Em7   D/F♯
Little by little, we gave you everything you ever dreamed of.
G5   D   A   Em7   D/F♯
Little by little, the wheels of your life have slowly fallen off.
G5   D   A   Em7   D/F♯
Little by little, you have to live it all in all your life,
G5   D   Cadd9   G/B*   A7sus4
And all the time, I just ask myself why   are you really here? Hey!

Instrumental |A   G5 D |A |A   G5 D |D |D   A G5 |

                  |D   A |A   ‖

Chorus 3

G5   D   A   Em7   D/F♯
Little by little, we gave you everything you ever dreamed of.
G5   D   A   Em7   D/F♯
Little by little, the wheels of your life have slowly fallen off.
G5   D   A   Em7   D/F♯
Little by little, you have to live it all in all your life,
G5   D   D/F♯
And all the time, I just ask myself why you're really here.

  |G5   D |A7sus4 Em D/F♯ |G5   D |

A7sus4 Em   D/F♯   G5   D |
Why am I really here?
A7sus4 Em   D/F♯   G5   D | Cadd9 G5   ‖
Why am I really here?

Outro   ‖: D |Dsus2 |D |Dsus2   :‖

        ‖: Dsus2   G5 |Dsus2(♯5) |G5   :‖   *Repeat to fade*

Live Forever

Words & Music by
Noel Gallagher

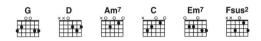

G D Am⁷ C Em⁷ Fsus²

Verse 1

    G   **D**
Maybe I don't really want to know
       Am⁷
How your garden grows,
C   **D**
I just want to fly.
G   **D**
Lately, did you ever feel the pain
     Am⁷
In the morning rain
    C   **D**   **Em⁷**
As it soaks you to the bone.

Chorus 1

        D
Maybe I just want to fly,
          Am⁷
I want to live, I don't want to die,
       C
Maybe I just want to breathe,
    D   **Em⁷**
Maybe I just don't believe.
          D
Maybe you're the same as me,
         Am⁷
We see things they'll never see,
         Fsus²
You and I are gonna live forever.

Verse 2

       G   **D**
I said maybe I don't really want to know

       Am⁷
How your garden grows,

C   **D**
I just want to fly.

G   **D**
Lately, did you ever feel the pain

    Am⁷
In the morning rain

     C   **D**   **Em⁷**
As it soaks you to the bone.

Chorus 2

         D
Maybe I will never be

        Am⁷
All the things I want to be,

       C
But now is not the time to cry,

    D   **Em⁷**
Now's the time to find out why

         D
I think you're the same as me,

       Am⁷
We see things they'll never see,

        Fsus²
You and I are gonna live forever.

Guitar solo   Chords as Verse 1 and Chorus 1

Verse 3   As Verse 1

Chorus 3   As Chorus 1

‖: **Am⁷**   **Fsus²** :‖ *Play 6 times*
    Gonna live forever.

              Play 8 times

Guitar solo ‖: **Am⁷** | **Fsus²** :‖ **Am⁷** ‖

Love Like A Bomb

Words & Music by
Gem Archer & Liam Gallagher

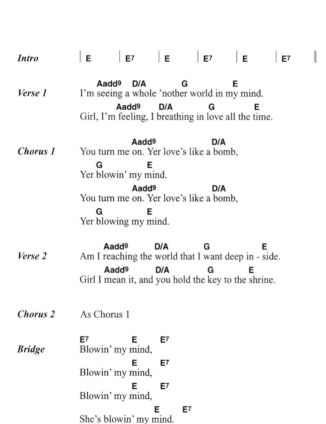

Intro | E | E7 | E | E7 | E | E7   ‖

Verse 1
Aadd9 D/A   G   E
I'm seeing a whole 'nother world in my mind.
Aadd9   D/A   G   E
Girl, I'm feeling, I breathing in love all the time.

Chorus 1
Aadd9   D/A
You turn me on. Yer love's like a bomb,
G   E
Yer blowin' my mind.
Aadd9   D/A
You turn me on. Yer love's like a bomb,
G   E
Yer blowing my mind.

Verse 2
Aadd9   D/A   G   E
Am I reaching the world that I want deep in - side.
Aadd9   D/A   G   E
Girl I mean it, and you hold the key to the shrine.

Chorus 2   As Chorus 1

Bridge
E7   E   E7
Blowin' my mind,
E   E7
Blowin' my mind,
E   E7
Blowin' my mind,
E   E7
She's blowin' my mind.

Interlude | **Aadd⁹** |

D/A　　　**G**　　　**E**
Na na na na na na na.

　　　　Aadd⁹
Na na na na,

D/A　　　**G**　　　**E**
Na na na na na na na.

　　　　　Aadd⁹　　　**D/A**
Na na na na, na na na na,

G　　　**E**
Na na na na.

　　　　　Aadd⁹　　　**D/A**
Na na na na, na na na na,

G　　　**E**
Na na na na.

Verse 3

　　　　　Aadd⁹　**D/A**　　　　**G**　　　　　**E**
Yeah, I'm seeing a whole 'nother world in my mind.

　　　　　Aadd⁹　　　**D/A**　　　　**G**　　　　**E**
Girl I'm feelin', that we've been in love all the time.

Chorus 3

　　　　　　　　Aadd⁹　　　　　　**D/A**
'Cause you turn me on. Yer love's like a bomb,

　　　G　　　**E**
Yer blowin' my mind.

　　　　　　Aadd⁹　　　　　　**D/A**
You turn me on. Yer love's like a bomb,

　　　G　　　**E**
Yer blowin' my mind,

　　　　Aadd⁹
Yeah, I'm seeing.

Lyla

Words & Music by
Noel Gallagher

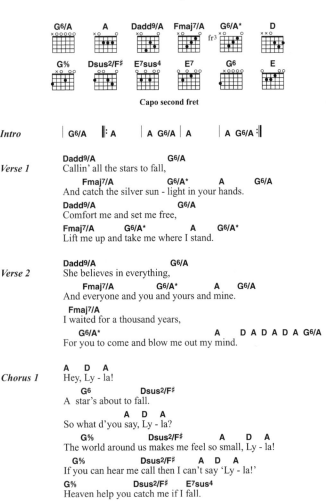

Capo second fret

Intro | G6/A   ‖: A | A G6/A | A | A G6/A :‖

Verse 1
Dadd9/A   G6/A
Callin' all the stars to fall,
　　Fmaj7/A   G6/A*   A   G6/A
And catch the silver sun - light in your hands.
Dadd9/A   G6/A
Comfort me and set me free,
Fmaj7/A   G6/A*   A   G6/A*
Lift me up and take me where I stand.

Verse 2
Dadd9/A   G6/A
She believes in everything,
　　Fmaj7/A   G6/A*   A   G6/A
And everyone and you and yours and mine.
　　Fmaj7/A
I waited for a thousand years,
　　G6/A*   A   D A D A D A G6/A
For you to come and blow me out my mind.

Chorus 1
A   D   A
Hey, Ly - la!
　　G6   Dsus2/F♯
A star's about to fall.
　　　　　A   D   A
So what d'you say, Ly - la?
　　G%   Dsus2/F♯   A   D   A
The world around us makes me feel so small, Ly - la!
　　G%   Dsus2/F♯   A   D   A
If you can hear me call then I can't say 'Ly - la!'
　　G%   Dsus2/F♯   E7sus4
Heaven help you catch me if I fall.

| *Link 1* | A | A G6/A | A | A G6/A ‖

Verse 3

Dadd9/A   **G6/A**
She's the queen of all I've seen,

      Fmaj7/A   **G6/A***   **A**   **G6/A**
And every song and city far and near.

Fmaj7/A
Heaven Hell my mademoiselle,

   G6/A*   **A**   **D A D A D A G6/A**
She ring the bell for all the world to hear.

Chorus 2   As Chorus 1

| *Interlude* | E7sus4 E7 | G6 | E7sus4 E7 | G6 | |
| | E7sus4 E7 | G6 | E7 E7sus4 E7 | E7sus4 E7 E7sus4 E7 ‖ |

Chorus 3   As Chorus 1

A   **D**   **A**   **G%** **Dsus2/F♯**
Hey Ly - la!

A   **D**   **A**   **G%** **Dsus2/F♯**
Hey Ly - la,!

A   **D**   **A**   **G%** **Dsus2/F♯**
Hey Ly - la!

A   **D**   **A**   **G%** **Dsus2/F♯**
Hey Ly - la!

Outro	E7sus4	E7sus4	E	E E7sus4
	E	E7sus4	E	E E7sus4
	E	E7sus4	E	E E7sus4
	E E7sus4	E E7sus4	E E7sus4	E E7sus4 ‖
	‖: E E7sus4	E E7sus4	E E7sus4	E E7sus4 :‖ E7sus4	‖

Magic Pie

Words & Music by
Noel Gallagher

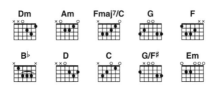

Intro   ‖: Dm Am | Fmaj7/C G | Dm Am | Fmaj7/C G :‖ G

Verse 1

     Dm   **Am**
An extraordinary guy

     Fmaj7/C   **G**
Can never have enough today,

Dm   **Am**
He might live the long goodbye,

     Fmaj7/C   **G**
But that is not for me to say.

  Dm   **Am**
I dig his friends, I dig his shoes,

Fmaj7/C   **G**
He is just a child with nothing to lose

     Dm **Am** **F** **G**
But his mind,   his mind.

Verse 2

Dm   **Am**
They are sleeping while they dream

     Fmaj7/C   **G**
And then they want to be adored.

Dm   **Am**
'Cause they who don't say what they mean

     Fmaj7/C   **G**
Will live and die by their own sword.

  Dm   **Am**
I dig their friends, I dig their shoes,

Fmaj7/C   **G**
They are like a child with nothing to lose

     Dm **Am**   **Fmaj7/C** **G**
In their minds,   yeah, their minds.

Bridge 1

B♭   F   G
But I'll have my way,

B♭ F   G
  In my own time.

B♭ F   G
  I'll have my say,

B♭ F   G
  My star will shine.

Chorus 1

       D   C   G
'Cos you see me, I got my magic pie.

D   C   G
Think of me yeah, that was me, I was that passer by,

    G/F♯   Em   B♭ F C G
I've been and now I've gone.

Verse 3

Dm   Am
There are but a thousand days

  Fmaj7/C   G
Preparing for a thousand years.

Dm   Am
Many minds to educate

  Fmaj7/C   G
The people who have disappeared.

      Dm   Am
D'you dig my friends, d'you dig my shoes?

Fmaj7/C   G
I am like a child with nothing to lose

       Dm   Am   Fmaj7/C G
But my mind,   yeah, my mind.

Bridge 2

B♭   F   G
But we'll have our way,

B♭ F   G
  In our own time.

B♭   F   G
  We'll have our say,

B♭   F   G
  'Cos my star's gonna shine.

Chorus 2

    D   **C**   **G**
'Cos you see me, I got my magic pie.

D   **C**   **G**
Think of me yeah, that was me, I was that passer by,

    G/F♯   **Em**   **B♭ F C**
I've been and now I've gone.

G   **B♭ F C**
  Yeah, yeah.

G   **B♭ F C**
  Yeah, yeah.

G   **B♭ F C G**
  Yeah, yeah.   Ah. __

Link

D   **C**   **G**
Ah,__ ah,__ ah, _____

D   **C**   **G**
Ah,__ ah,__ ah, _____

D   **C**   **G**
Ah,__ ah,__ ah, _____

D   **C**   **G**
Ah,__ ah,__ ah. _____

Chorus 3

        D   **C**   **G**
'Cos you see me, I got my magic pie.

D   **C**   **G**
Think of me yeah, that was me, I was that passer by.

D   **C**   **G**
Think of me, I got my magic pie.

D   **C**   **G**
Think of me yeah, that was me, I was that passer by.

    G/F♯   **Em**   **B♭ F C**
I've been and now I've gone.

G   **B♭ F C**
  Yeah, yeah.

G   **B♭ F C**
  Yeah, yeah.

G   **B♭ F C G**
  Yeah, yeah.

My Big Mouth

Words & Music by
Noel Gallagher

Asus⁴ A⁵ D Csus² G⁵ F Em⁷

Intro   ‖: Asus⁴ | Asus⁴ | Asus⁴ | Asus⁴ :‖

‖: A⁵ D Csus² G⁵ | G⁵ F :‖ *Play 4 times*

Verse 1
(F)   A⁵ D Csus² G⁵
Everybody knows

F   A⁵   D Csus² G⁵
But no-one's saying nothing.

F   A⁵ D Csus² G⁵
It was a sound so very loud

F   A⁵ D Csus² G⁵
That no-one can hear.

F   A⁵ D Csus² G⁵
I got something in my shoe,

F   A⁵ D Csus² G⁵
It's keeping me from walking

F   A⁵ D Csus² G⁵
Down the long and winding road

F   A⁵ D Csus² G⁵
And back home to you.

Bridge 1
F
And round this town you've ceased to be,

G⁵
That's what you get for sleeping with the enemy.

F
Where angels fly you won't play,

Em⁷   G⁵
So guess who's gonna take the blame for…

© Copyright 1997 Oasis Music/Creation Songs Limited.
Sony/ATV Music Publishing (UK) Limited.
All Rights Reserved. International Copyright Secured.

113

Chorus 1

(G5)   A5 D Csus2 G5
My big mouth

    F   A5 D Csus2 G5
And my big name,

      F   A5   D   Csus2
I'll put on my shoes while I'm walking

G5   F   A5 D Csus2 G5
Slowly down the hall of fame.

    F   A5 D Csus2 G5
Into my big mouth

      F   A5 D Csus2 G5
You could fly a plane,

      F   A5   D   Csus2
I'll put on my shoes while I'm walking

G5   F   A5 D Csus2
Slowly down the hall of fame,

G5   F   A5 D Csus2 G5
Slowly down the hall of fame.

Link | G5 F | A5 D Csus2 G5 ‖

Verse 2

      F   A5 D Csus2 G5
I ain't never spoke to God

        F   A5   D Csus2 G5
And I ain't never been to heaven.

      F   A5 D Csus2 G5
But you assumed I knew the way,

         F   A5   D Csus2 G5
Even though the map was given.

        F   A5 D Csus2 G5
And as you look into the eyes

    F   A5   D Csus2 G5
Of a bloody cold assassin,

      F   A5 D Csus2 G5
It's only then you'll realise

        F   A5   D Csus2 G5
With who's life you have been messin'.

Bridge 2   As Bridge 1

Chorus 2

(G5)   A5 D Csus2 G5   F   A5 D Csus2 G5
My big mouth   and my big name,

      F   A5   D   Csus2
I'll put on my shoes while I'm walking

G5   F   A5 D Csus2 G5
Slowly down the hall of fame.

      F   A5 D Csus2 G5
Into my big mouth

        F   A5 D Csus2 G5
You could fly a plane,

      F   A5   D   Csus2
I'll put on my shoes while I'm walking

G5   F   A5 D Csus2
Slowly down the hall of fame,

G5   F   G5
Slowly down the hall of fame,

                   F Em7 G5
Slowly down the hall of fame.

Solo   ‖: A5 D Csus2 G5 | G5   F :‖ *Play 8 times*

Bridge 3   As Bridge 1

Chorus 3

(G5)   A5 D Csus2 G5   F   A5 D Csus2 G5
My big mouth   and my big name,

      F   A5   D   Csus2
I'll put on my shoes while I'm walking

G5   F   A5 D Csus2 G5
Slowly down the hall of fame.

            A5 D Csus2 G5
Into my big mouth

      F   A5 D Csus2 G5
You could fly a plane,

      F   A5   D   Csus2
I'll put on my shoes while I'm walking

G5   F
Slowly down the hall of fame.

Outro

‖: A5 D Csus2 G5   F
                  Slowly down the hall of fame. :‖ *Play 3 times*

‖: A5 D Csus2 G5 | G5 F :‖ A5   ‖
                Play 5 times

Married With Children

Words & Music by
Noel Gallagher

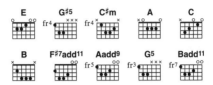

| E | G#5 | C#m | A | C |

| B | F#7add11 | Aadd9 | G5 | Badd11 |

Intro   ‖: E   G#5 | C#m   A | C   B | E   :‖

Chorus 1
    E   G#5   C#m
There's no need for you to say you're sorry,
          C   B   E
Goodbye, I'm going home.
          G#5   C#m   A
I don't care no more so don't you worry,
          C   B   E
Goodbye, I'm going home.

Verse 1
   A   E   A
I hate the way that even though you know you're wrong
               E
You say you're right.
   A   E
I hate the books you read and all your friends,
     F#7add11   Aadd9
Your music's shite, it keeps me up all night,
     G5
Up all night.

Chorus 2   As Chorus 1

Verse 2

A   **E**
I hate the way that you are so sarcastic,

        A   **E**
And you're not very bright.

A   **E**
You think that everything you've done's fantastic,

       F♯7add11   **Aadd9**
Your music's shite, it keeps me up all night,

        G5
Up all night.

Guitar solo   ‖: **E** **G♯5** | **C♯m A** | **C** **B** | **E**   :‖

Bridge

C♯m   **G♯5**   **Aadd9**
And it will be nice to be alone

                     E
For a week or two.

C♯m   **G♯5**
But I know then I will be right,

Aadd9   **Badd11**
Right back here with you.

          Aadd9   **G♯5**
With you,   with you,

          F♯7add11   **Badd11**
With you,   with you,

          Aadd9   **G♯5**   **F♯7add11**
With you,   with you.

Chorus 3   As Chorus 1

The Masterplan

Words & Music by
Noel Gallagher

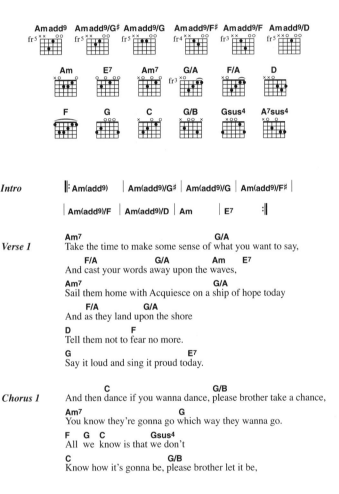

Amadd9	Amadd9/G♯	Amadd9/G	Amadd9/F♯	Amadd9/F	Amadd9/D
Am	E7	Am7	G/A	F/A	D
F	G	C	G/B	Gsus4	A7sus4

Intro   ‖: Am(add9) | Am(add9)/G♯ | Am(add9)/G | Am(add9)/F♯ |

| Am(add9)/F | Am(add9)/D | Am | E7 :‖

Verse 1

Am7   G/A
Take the time to make some sense of what you want to say,

    F/A   G/A   Am   E7
And cast your words away upon the waves,

Am7   G/A
Sail them home with Acquiesce on a ship of hope today

    F/A   G/A
And as they land upon the shore

D   F
Tell them not to fear no more.

G   E7
Say it loud and sing it proud today.

Chorus 1

            C   G/B
And then dance if you wanna dance, please brother take a chance,

Am7   G
You know they're gonna go which way they wanna go.

F   G   C   Gsus4
All we know is that we don't

C   G/B
Know how it's gonna be, please brother let it be,

cont.

Am7   G   F
Life on the other hand won't make us understand

G   Am7
We're all part of the masterplan.

Interlude | A7sus4 | F/A G/A | Am7 E | Am7 |

                | A7sus4 | F/A G/A | D F |

G   E7
Sing it loud and sing it loud today.

Verse 2

Am7   G/A
I'm not saying right is wrong, it's up to us to make

       F/A   G/A   Am E7
The best of all the things that come our way,

       Am7   G/A
'Cos everything that's been has passed, the answer's in the looking glass.

       F/A   G/A
There's four and twenty million doors

D   F
On life's endless corridor.

G   E7
Say it loud and sing it proud today.

Chorus 2

           C   G/B
We'll dance if they wanna dance, please brother take a chance,

Am7   G
You know they're gonna go which way they wanna go.

F   G   C   Gsus4
All we know is that we don't

C   G/B
Know how it's gonna be, please brother let it be,

Am7   G   F
Life on the other hand won't make you understand

G   C   G   C
We're all part of the ma - sterplan.

Coda   ‖: C G/B | Am7 G | C G/B | Am7 G :‖

                | F | G | E7 | E7 |

                | Am(add9) | Am(add9)/G♯ | Am(add9)/G | Am(add9)/F♯ |

                | Am(add9)/F | Am(add9)/D | Am | E7 | Am7   ‖

The Meaning Of Soul

Words & Music by
Liam Gallagher

Intro | G E | G E | G E | E |

Verse 1
G   E   G   E
I gotta show you, man, the meaning of soul.
        G   E
I'm taking on love tonight.
        G   E   G   E
Get out of my way, yeah man, I dig what you say.
        G   E
But that ain't e - nough alright.

Verse 2
        G   E   G   E
I'm different breed, you know I'm out of your league.
        G   E
I'm ten out of ten all night.
        G   E   G   E
Get out of my way, yeah man, I dig what you say.
        G   E
But that ain't e - nough alright.

Chorus 1
G A7sus4   A   E
All rise, I see the love in your eyes,
        G A7sus4   G   E G E G E
If it's al - right then I'll be your light.

| *Verse 3* | As Verse 1 |

| *Verse 4* | As Verse 2 |

Chorus 2

```
G   A7sus4      A            E
All rise, I see the love in your eyes,
        G   A7sus4              G   E G E G E G
If it's al - right then I'll be your light.
```

Interlude

```
| G      | A7sus4 | A    | E    | G      |

| A7sus4 | G  E   | G  E | G  E | E      ‖
```

Outro

```
G        E              G        E
I   gotta show you man, the meaning of soul,
        G        E
I'm taking on love tonight.
```

Morning Glory

Words & Music by
Noel Gallagher

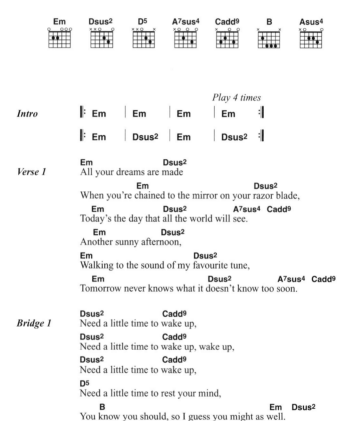

Em   Dsus²   D⁵   A⁷sus⁴   Cadd⁹   B   Asus⁴

Play 4 times

Intro   ‖: Em | Em | Em | Em :‖

‖: Em | Dsus² | Em | Dsus² :‖

Verse 1

Em   Dsus²
All your dreams are made

        Em   Dsus²
When you're chained to the mirror on your razor blade,

        Em   Dsus²   A⁷sus⁴ Cadd⁹
Today's the day that all the world will see.

        Em   Dsus²
Another sunny afternoon,

Em   Dsus²
Walking to the sound of my favourite tune,

        Em   Dsus²   A⁷sus⁴ Cadd⁹
Tomorrow never knows what it doesn't know too soon.

Bridge 1

Dsus²   Cadd⁹
Need a little time to wake up,

Dsus²   Cadd⁹
Need a little time to wake up, wake up,

Dsus²   Cadd⁹
Need a little time to wake up,

D⁵
Need a little time to rest your mind,

        B   Em   Dsus²
You know you should, so I guess you might as well.

Chorus 1

Asus⁴   Cadd⁹
What's the story, Morning Glory?

Em Dsus²   Asus⁴   Cadd⁹
Well,   you need a little time to wake up, wake up,

Em Dsus² Asus⁴   Cadd⁹
Well,   what's the story, Morning Glory?

Em Dsus²   Asus⁴   Cadd⁹
Well,   you need a little time to wake up, wake up.

Play 4 times

Instrumental ‖: Em | Em | Em | Em :‖

‖: Em | Dsus² | Em | Dsus² :‖

Verse 2   As Verse 1

Bridge 2   As Bridge 1

Chorus 2   As Chorus 1

Chorus 3   As Chorus 1

Outro ‖: Em | Dsus² | Em | Dsus² :‖ *Repeat to fade*

Mucky Fingers

Words & Music by
Noel Gallagher

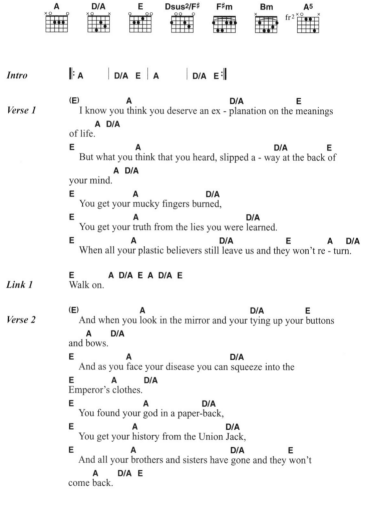

Intro ‖: A | D/A E | A | D/A E :‖

Verse 1
(E)   A   D/A   E
  I know you think you deserve an ex - planation on the meanings
      A   D/A
of life.
E   A   D/A   E
  But what you think that you heard, slipped a - way at the back of
      A   D/A
your mind.
E   A   D/A
  You get your mucky fingers burned,
E   A   D/A
  You get your truth from the lies you were learned.
E   A   D/A   E   A   D/A
  When all your plastic believers still leave us and they won't re - turn.

Link 1
E   A D/A E A D/A E
Walk on.

Verse 2
(E)   A   D/A   E
  And when you look in the mirror and your tying up your buttons
      A   D/A
and bows.
E   A   D/A
  And as you face your disease you can squeeze into the
E   A   D/A
Emperor's clothes.
E   A   D/A
  You found your god in a paper-back,
E   A   D/A
  You get your history from the Union Jack,
E   A   D/A   E
  And all your brothers and sisters have gone and they won't
      A   D/A E
come back.

Pre-chorus 1

      Dsus2/F♯   E
I'm fed up with life in the city,

          A   F♯m
'Cause all the phoneys have blown my mind.

       Bm
When I'm gone, yeah you look like you'd missed me,

                      Dsus2/F♯
So come along with me, but don't ask why.

Chorus 1

Dsus2/F♯   A   D/A
'Cause it's all mine!

E   A   D/A
It's all mine!

E   A   D/A
It's all mine!

E   A   D/A E
It's all mine!

Interlude

| Dsus2/F♯ | E | A | F♯m |
| Bm | Bm | Bm | Dsus2/F♯ ‖

Chorus 2

Dsus2/F♯   A   D/A
'Cause it's all mine!

E   A   D/A
It's all mine!

E   A   D/A
It's all mine!

E   A   D/A E
It's all mine!

Outro

‖: A | D/A E | A | D/A E :‖ *Play 6 times*

| A5 ‖

My Generation

Words & Music by
Pete Townshend

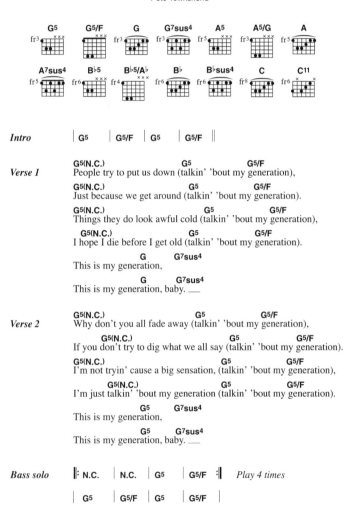

Intro | G5 | G5/F | G5 | G5/F ‖

Verse 1
G5(N.C.)   G5   G5/F
People try to put us down (talkin' 'bout my generation),
G5(N.C.)   G5   G5/F
Just because we get around (talkin' 'bout my generation).
G5(N.C.)   G5   G5/F
Things they do look awful cold (talkin' 'bout my generation),
G5(N.C.)   G5   G5/F
I hope I die before I get old (talkin' 'bout my generation).
                        G   G7sus4
This is my generation,
                        G   G7sus4
This is my generation, baby. ___

Verse 2
G5(N.C.)   G5   G5/F
Why don't you all fade away (talkin' 'bout my generation),
        G5(N.C.)   G5   G5/F
If you don't try to dig what we all say (talkin' 'bout my generation).
G5(N.C.)   G5   G5/F
I'm not tryin' cause a big sensation, (talkin' 'bout my generation),
        G5(N.C.)   G5   G5/F
I'm just talkin' 'bout my generation (talkin' 'bout my generation).
                        G5   G7sus4
This is my generation,
                        G5   G7sus4
This is my generation, baby. ___

Bass solo ‖: N.C. | N.C. | G5 | G5/F :‖ *Play 4 times*

| G5 | G5/F | G5 | G5/F |

Verse 3

A⁵(N.C.)   **A⁵**   **A⁵/G**
Why don't you all fade away (talkin' 'bout my generation),

A⁵(N.C.)   **A⁵**   **A⁵/G**
If you don't try to dig what we all say (talkin' 'bout my generation).

A⁵(N.C.)   **A⁵**   **A⁵/G**
I'm not tryin' cause a big sensation, (talkin' 'bout my generation),

A⁵(N.C.)   **A⁵**   **A⁵/G**
I'm just talkin' 'bout my generation (talkin' 'bout my generation).

                   A   **A⁷sus⁴**
This is my generation,

                   A   **A⁷sus⁴**
This is my generation, baby. ____

A   **A⁷sus⁴** **A**   **A⁷sus⁴**
My, my gener - ation,

Instrumental | B♭5 | B♭5/A♭ | B♭5 | B♭5/A♭ |

Verse 4

B♭5(N.C.)   **B♭5**   **B♭5/A♭**
People try to put us down (talkin' 'bout my generation),

B♭5(N.C.)   **B♭5**   **B♭5/A♭**
Just because we get around (talkin' 'bout my generation).

B♭5(N.C.)   **B♭5**   **B♭7sus⁴**
Things they do look awful cold (talkin' 'bout my generation),

   B♭   **B♭**   **B♭7sus⁴**
I hope I die before I get old (talkin' 'bout my generation).

                 B♭   **B♭7sus⁴**
This is my generation,

                   B♭   **B♭7sus⁴**
This is my generation, baby. ____

B♭   **B♭7sus⁴** **B♭**   **B♭7sus⁴**
My, my, my generation.

Solo   ‖: C | C¹¹ | C | C¹¹ :‖

         C   **C¹¹**   **C**   **C¹¹**   *Play 4 times*
Coda ‖: Talkin' 'bout my generation. (Talkin' 'bout my generation.) :‖

            C
My generation.

‖: B♭ F | C :‖ *Repeat ad lib. to fade*

Part Of The Queue

Words & Music by
Noel Gallagher

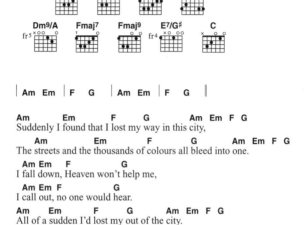

Intro
| Am Em | F G | Am Em | F G ‖

Verse 1

Am   Em   F G Am Em F G
Suddenly I found that I lost my way in this city,

 Am   F   G   Am Em F G
The streets and the thousands of colours all bleed into one.

Am Em F   G
I fall down, Heaven won't help me,

Am Em F   G
I call out, no one would hear.

Am Em   F   G Am Em F G
All of a sudden I'd lost my out of the city.

Chorus 1

Dm9/A   Am
 Stand tall, stand proud.

Fmaj7   Fmaj9 Fmaj7   Fmaj9
Every begin - ning is breaking its pro - mise.

G   E7/G♯   Am Em F G
I'm having trouble just finding some soul in this town.

Link 1
| Am Em | F G ‖

Verse 2

   Am   Em F   G   Am Em F G
The names and the faces in places they mean nothing to me,

  Am   Em F   G Am Em F G
It's all they can do to be part of the queue in this town.

Am Em F   G
I fall down, heaven won't help me,

Am Em F   G
I call out, no one will hear.

    Am   Em   F   G   Am Em F G
There'll be no to - morrow they say, well I say more's the pity.

Chorus 2

Dm9/A
    Stand tall,

    Am
Stand   proud.

Fmaj7   **Fmaj9** **Fmaj7**   **Fmaj9**
Every beginning   is breaking its promise,

G   **E7/G♯**   **Am**
I'm having trouble just finding my soul in this town.

Interlude   ‖: **Am Em** | **F**   **G** | **Am Em** | **F**   **G** :‖ *Play 4 times*

Chorus 3

Dm9/A
    Stand tall,

    Am
Stand   proud.

Fmaj7   **Fmaj9** **Fmaj7**   **Fmaj9**
Every beginning   has broken its promise.

G   **E7/G♯**   **Am Em F G Am Em**
I'm having trouble just finding my soul in this town,

F   **G**   **Am Em F G**
Finding my soul in this town.

Link 2 | **Am Em** | **F**   **G**   ‖

Outro

(G)   **Am**   **Em**   **F**   **G**   **Am**   **Em**   **F**   **G**
Keep on trying, keep on trying, keep on trying, keep on trying.

        Am   **Em**   **F**   **G**   **Am**   **Em**   **F**   **G**
Keep on trying, keep on trying, keep on trying, keep on trying.

‖: **Am Em** | **F**   **G** | **Am Em** | **F**   **G** :‖ **C**   ‖

(Probably) All In The Mind

Words & Music by
Noel Gallagher

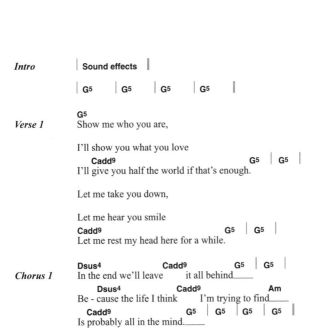

Intro | **Sound effects** |

| G5 | G5 | G5 | G5 |

Verse 1
G5
Show me who you are,

I'll show you what you love
        Cadd9   G5 | G5 |
I'll give you half the world if that's enough.

Let me take you down,

Let me hear you smile
Cadd9   G5 | G5 |
Let me rest my head here for a while.

Chorus 1
Dsus4   Cadd9   G5 | G5 |
In the end we'll leave   it all behind____
        Dsus4   Cadd9   Am
Be - cause the life I think   I'm trying to find____
        Cadd9   G5 | G5 | G5 | G5 |
Is probably all in the mind.____

Verse 2

G5
Show me who you are

Show me what you love,
    Cadd9   **G5** | **G5** |
I'll give you all the world if that's enough.

    Dsus4   **Cadd9**   **G5** | **G5** |
Chorus 2 In the end we'll leave it   all behind____
      Dsus4   **Cadd9**   **Am**
Be - cause the life I think   I'm trying to find____
    Cadd9   **G5** | **G5** | **G5** | **G5** |
Is probably all in the mind.____

Gtr. solo ‖: **Dsus4** | **Cadd9** | **G5** | **G5** |

    | **Dsus4** | **Cadd9** | **G5** | **G5** :‖

      Dsus4   **Cadd9**   **G5** | **G5**
Chorus 3 ‖: In the end we'll leave   it all be - hind____ :‖
    Dsus4   **Cadd9**   **G5** | **G5** |
In the end we'll leave   it all be - hind____
      Cadd9   **Cadd9**
Be - cause the life I think   I'm trying to find
  N.C. | **Cadd9** | **G5** |
Is probably all in the mind.____

Outro

G5
  It's all in the mind.

It's all in the mind.

It's all in the mind.

‖: **F** **G** | **G** :‖ *Play 8 times*

Put Yer Money Where Yer Mouth Is

Words & Music by
Noel Gallagher

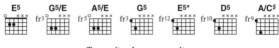

Tune guitar down one semitone

Intro   E5 ad lib. ‖: E5 G5/E | A5/E G5/E | E5 G5/E | A5/E G5/E :‖

Play 4 times

Verse 1
            E5   G5/E
Put yer money where yer mouth is,
          A5/E   G5/E   E5   G5/E A5/E G5/E
Yer mamma said that you was real.
            E5   G5/E
Put yer money where yer mouth is,
          A5/E   G5/E   E5   G5/E A5/E G5/E
Yer mamma said that you was real.
E5   G5/E A5/E   G5/E
Ready or not,   an' come what may,
         E5   G5/E   A5/E
Yer bets are going down for judgement day,
G5/E   E5
So put yer money in yer mouth
G5/E   A5/E   G5/E   E5   G5/E A5/E G5/E
And your hands right upon the wheel.

Link | E5 G5/E | A5/E G5/E | E5 G5/E | A5/E G5/E ‖

Verse 2
            E5   G5/E
Put yer money where yer mouth is,
          A5/E   G5/E   E5   G5/E A5/E G5/E
Yer pappa said that you was real.
            E5   G5/E
Put yer money where yer mouth is,
          A5/E   G5/E   E5   G5/E A5/E G5/E
Yer pappa said that you was real.

cont.
E5   **G5/E** **G5/E**   **G5/E**
Ready or not, an' come what may,

    E5   **G5/E** **A5/E**
Yer betcha going down on judgement day,

G5/E   **E5**
So put yer money in yer mouth

G5/E   **A5/E**   **G5/E**   **E5** **G5/E** **A5/E** **G5/E**
And your hands right upon the wheel.

Chorus 1
| **G5** | **E5*** | **D5** | **E5*** |
(Ah,) _____

| **G5** | **E5*** | **D5** | **D5** | **A/C♯** | **A/C♯** ‖
(Ah.) _____

Link
‖: E5 G5/E | A5/E G5/E | E5 G5/E | A5/E G5/E :‖

Verse 3   As Verse 1

Chorus 2
| **G5** | **E5*** | **D5** | **E5*** |
(Ah,) _____
| **G5** | **E5*** | **D5** | **D5** | **A/C♯** |
(Ah.) _____

Outro
A/C♯   **E5**   **G5/E** **A5/E**
   Watch out,

     G5/E **E5**   **G5/E** **A5/E**
Hey, watch out,

     G5/E **E5**   **G5/E** **A5/E**
Ooh, watch out,

     G5/E **E5**   **G5/E** **A5/E** **G5/E**
Hey watch out.   Hey!

| **E5** **G5/E** | **A5/E** **G5/E** | **E5** **G5/E** | **A5/E** **G5/E** |
(Ah.) _____

| **E5** **G5/E** | **A5/E** **G5/E** | **E5** **G5/E** | **A5/E** **G5/E** | **E5** ‖
_____ (Ah.) ____

133

Rock 'n' Roll Star

Words & Music by
Noel Gallagher

| B5 | E | C#m7 | Asus2 | G#5 | F#5 | A | A7 |

Intro

‖: B5 | B5 E | B5 | B5 E :‖ B5 | B5 E |

| B5 | B5 E | C#m7 | Asus2 | B5 | B5 E ‖

Verse 1

B5   E
I live my life in the city,

B5   E
There's no easy way out,

C#m7   Asus2   B5 E
The day's moving just too fast for me.

B5   E
I need some time in the sunshine,

B5   E
I gotta slow it right down,

C#m7   Asus2   B5
The day's moving just too fast for me.

Bridge 1

G#5   E
I live my life for the stars that shine,

B5
People say it's just a waste of time.

G#5   E
Then they said I should feed my head,

B5
That to me was just a day in bed.

G#5   E
I'll take my car and I'll drive real far,

B5
You're not concerned about the way we are.

Asus2
In my mind my dreams are real,

F#5
Are you concerned about the way I feel?

Chorus 1

 Asus2 E   B5
Tonight I'm a rock 'n' roll star,

 Asus2 E   B5
Tonight I'm a rock 'n' roll star.

Verse 2 As Verse 1

Bridge 2 As Bridge 1

Chorus 2

 Asus2 E   B5
Tonight I'm a rock 'n' roll star,

 Asus2 E   B5
Tonight I'm a rock 'n' roll star,

 Asus2 E   B5
Tonight I'm a rock 'n' roll star.

Middle

Asus2
You're not down with who I am,

E   B5
Look at you now, you're all in my hands tonight.

Guitar solo Chords as Verse 1

Chorus 3 As Chorus 2

Guitar solo ‖: A A7 | A A7 | A A7 | A A7 :‖

         ‖: F♯5 | E | F♯5 | E :‖

Outro

(E)   F♯5 E
It's just rock 'n' roll,

F♯5 E   F♯5 E
It's just rock 'n' roll,

F♯5 E   F♯5 E
It's just rock 'n' roll,

F♯5 E   F♯5 E
It's just rock 'n' roll,

F♯5 E   F♯5 E
It's just rock 'n' roll.

Repeat Outro ad lib. to fade

Rockin' Chair

Words & Music by
Noel Gallagher
(This work includes literal elements of "Growing Old", Words by Christopher Griffiths)

[Chord diagrams: C G Am Fmaj7 F D7 Em E]

Fade in

Intro ‖: C | G | Am | Am :‖

Verse 1

            C   G
I'm older than I wish to be,

Am   Fmaj7
This town holds no more for me,

F   C   G   D7   Fmaj7
All my life I've tried to find another way.

            C   G
I don't care for your attitude,

        Am   Fmaj7
You bring me down, I think you're rude,

F   C   G   D7   Fmaj7
All my life I've tried to make a better day.

Chorus 1

        Em   Am
It's hard enough being alone,

Em   Am
Sitting here by the phone

Fmaj7   E
Waiting for my memories to come and play.

        Em   Am
It's hard enough sitting up there,

Em   Am
Rockin' in your rockin' chair,

        Fmaj7
It's all too much for me to take

            E
When you're not there.

Instrumental ‖: C | G | Am | Am |

| F C | G | D7 | Fmaj7 :‖

Chorus 2

    Em   **Am**
It's hard enough being alone,

Em   **Am**
Sitting here by the phone

 Fmaj7
Waiting for my memories to come and play.

   Em   **Am**
It's hard enough sitting up there,

Em   **Am**
Rockin' in your rockin' chair,

   Fmaj7
It's all too much for me to take

      E
When you're not there.

Verse 2

    C   **G**
I'm older than I wish to be,

Am   **Fmaj7**
This town holds no more for me,

F **C** **G**   **D7**   **Fmaj7**
All my life I've tried to find another way.

   C   **G**
I don't care for your attitude,

    Am   **Fmaj7**
You bring me down, I think you're rude,

F **C** **G**   **D7**   **Fmaj7**
All my life I've tried to make a better day.

Chorus 3   As Chorus 2

Coda   ‖: **C** | **G** | **Am** | **Am** :‖ *Repeat to fade*

Roll It Over

Words & Music by
Noel Gallagher

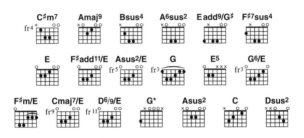

C♯m7	Amaj9	Bsus4	A6sus2	Eadd9/G♯	F♯7sus4
E	F♯add11/E	Asus2/E	G	E5	G6/E
F♯m/E	Cmaj7/E	D6/9/E	G*	Asus2	C	Dsus2

Intro | C♯m7 | Amaj9 | C♯m7 | Amaj9 ‖

               C♯m7   Amaj9
Verse 1   I can give a hundred million reasons
                       C♯m7   Amaj9
           To build a barricade.
                C♯m7   Amaj9
           I blame it on the changing of the seasons,
                       C♯m7   Amaj9
           The thoughts that I convey.

           Bsus4   A6sus2   Eadd9/G♯   F♯7sus4
Pre-chorus 1 Does it make it all right?
           Bsus4   A6sus2   Eadd9/G♯   F♯7sus4
            It doesn't make it all right:

           E   F♯7add11/E
Chorus 1   To roll it over my soul
             Asus2/E   E
           Leave me here,
                    F♯7add11/E
           Roll it over my soul
             Asus2/E   G F♯7sus4 E5
           Leave me here.

Verse 2

C#m7   Amaj9
Look around at all the plastic people

                C#m7 Amaj9
Who live without a care,

C#m7   Amaj9
Try to sit with me around my table

              C#m7 Amaj9
But never bring a chair.

Pre-chorus 2

Bsus4   A6sus2   Eadd9/G#   F#7sus4
Does it make it all right?

Bsus4   A6sus2   Eadd9/G#   F#7sus4
It doesn't make it all right:

Chorus 2

E   F#7add11/E Asus2/E   E
To roll it over my soul, leave me here,

           F#7add11/E   Asus2/E   G F#7sus4
Roll it over my soul, leave me here.

Solo

| E | E   ‖: G6/E | F#m | F#m/E | E   :‖ *Play 3 times*

| G6/E | Asus2/E | Cmaj7/E | D6/9/E |

| E | E | E | E   ‖

Chorus 3

E   F#7add11/E Asus2/E   E
To roll it over my soul, leave me here,

           F#7add11/E   Asus2/E   E
Roll it over my soul, leave me here.

              F#7add11/E   Asus2/E   E
To roll it over my soul, leave me here,

           F#7add11/E   Asus2/E
Roll it over my soul, leave me here.

Outro

| G* | Asus2 | C | Dsus2 |

‖: E | Dsus2 | E | Dsus2 :‖ *Repeat to fade*

Roll With It

Words & Music by
Noel Gallagher

Intro

‖: D7 | C9 | G | G :‖
| D7 | C9 | A | A

Chorus 1

     G
You gotta roll with it,

You gotta take your time,

You gotta say what you say,

         Csus2
Don't let anybody get in your way,

    G/B   **A7sus4**
'Cause it's all too much

   G
For me to take.

Verse 1

      G
Don't ever stand aside,

Don't ever be denied,

You wanna be who you'd be

If you're comin' with me.

 Csus2   **G/B**   **A7sus4**
I think I've got a feelin' I've lost inside,

 Csus2   **G/B**   **A7sus4**
I think I'm gonna take me away and hide,

 Csus2 **G/B**   **D**   **G**
I'm thinkin' of things that I just can't abide.

Bridge 1

      F   G
I know the roads down which your life will drive,

    F   G
I'll find the key that lets you slip inside.

F   G
Kiss the girl, she's not behind the door,

                F
But you know I think I recognise your face,

          C   D
But I've never seen you before.

Chorus 2   As Chorus 1

Guitar solo | G | G | G | G | Csus² G/B | A⁷sus⁴ |

| Csus² G/B | A⁷sus⁴ | Csus² G/B | D | G | G ‖

Bridge 2   As Bridge 1

Chorus 3   As Chorus 1

Verse 2

                  G
Don't ever stand aside,

Don't ever be denied,

You wanna be who you'd be

If you're comin' with me.

Coda

        Csus²   G/B   A⁷sus⁴
‖: I think I've got a feelin' I've lost inside,

       Csus²   G/B   A⁷sus⁴
I think I've got a feelin' I've lost inside,

       Csus²   G/B   A⁷sus⁴
I think I've got a feelin' I've lost inside,

       Csus²   G/B   A⁷sus⁴
I think I've got a feelin' I've lost inside. :‖

                          Play 3 times

Outro   ‖: Csus² G/B | A⁷sus⁴ :‖ G   ‖

Round Are Way

Words & Music by
Noel Gallagher

G	Dm(add11)	Cadd9	Dsus2	*Cadd9	G6	Gm6	A7sus4

Play 4 times

Intro   ‖: G | Dm(add11) Cadd9 | G | Dm(add11) Cadd9 :‖

Verse 1

G   Dm(add11) Cadd9
The paper-boy is working before he   goes

G   Dm(add11) Cadd9
Lying to the teacher who knows he   knows

G
He didn't and he should've brought his

Dm(add11) Cadd9 G   Dm(add11)   Cadd9
Lines in   yes-ter-day.

G   Dm(add11) Cadd9
Ernie bangs the sound and the day   be - gins,

       G   Dm(add11)   Cadd9
The letter box is open, your cash falls   in.

       G
I'll meet you at the office

         Dm(add11) Cadd9   G   Cadd9 Dm(add11) Cadd9
Just before the   staff clock-in.

Chorus 1

Dsus2   G
Round are way the birds are singing,

Dsus2   G
Round are way the sun shines bright,

Dsus2   *Cadd9
Round are way the birds sing for yer,

            G6
'Cause they already know yer,

            Gm6   A7sus4 G
Yeah, they already know yer. ___

Instrumental   ‖: G | Dm(add11) Cadd9 | G | Dm(add11) Cadd9 :‖

Verse 2

       G   **Dm(add11)** **Cadd9**
The game is kicking off in around the park,

         G   **Dm(add11)** **Cadd9**
It's twenty-five a side and before it's dark

            G
There's gonna be a loser and you

Dm(add11) **Cadd9**   **G**   **Dm(add11)**   **Cadd9**
Know the next goal wins.

G   **Dm(add11)** **Cadd9**
Cab it to the front as it's called a   draw,

G   **Dm(add11)** **Cadd9**
Everybody's knockin' at yours once more,

G
Ernie bangs the sound and no-one's

Dm(add11)   **Cadd9**   **G**
Spoken since half past four.

       Cadd9   **G** **Cadd9**
La la la la la la.

Chorus 2   As Chorus 1

Instrumental ‖: **G** | **Dm(add11)** **Cadd9** :‖ *Play 7 times*

             | **G**   **Cadd9** | **G**   **Cadd9** ‖

Chorus 3

Dsus2   **G**
Round are way the birds are singing,

Dsus2   **G**
Round are way the sun shines bright,

Dsus2   **G**
Round are way the birds are minging,

Dsus2   **G6**
Round are way it's alright,

Dsus2   ***Cadd9**
Round are way the birds sing for yer,

                  G6
'Cause they already know yer,

               Gm6   **A7sus4**
Yeah, they already know yer. ___

Coda   ‖: **G** | **G** | **F** | **F**   :‖ *Play 3 times*

         ‖: **G** | **Dm(add11)** **Cadd9** :‖ *Repeat to fade*

Sad Song

Words & Music by
Noel Gallagher

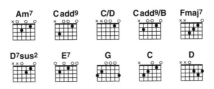

Am7   Cadd9   C/D   Cadd9/B   Fmaj7

D7sus2   E7   G   C   D

Intro | Am7 | Am7 Cadd9 | Am7 | Am7 Cadd9 | Am7 | Am7 Cadd9 |

| Am7 C/D | Cadd9 Cadd9/B | Am7 | Am7 ‖

Verse 1

Am7   Fmaj7
Sing a sad song in a lonely place,
D7sus2   E7   G
Try to put a word in for me.
Am7   Fmaj7
It's been so long since I found the space,
D7sus2   E7   G
You better put in two or three.
Am7   Fmaj7
We as people, are just walking 'round,
D7sus2   E7   G
Our heads are firmly fixed in the ground
Am7   Fmaj7
What we don't see, well it can't be real,
D7sus2   E7   G
What we don't touch we cannot feel.

Pre-chorus 1

C   G
Where we're living in this town,
Am7   Fmaj7
The sun is coming up and it's going down,
C   G   D
But it's all just the same at the end of the day.

cont.

                 C   **Cadd9/B**
And we cheat and we lie,

      Am7   **Fmaj7**
Nobody says it's wrong so we don't ask why,

           C   **G**   **D**
'Cause it's all just the same at the end of the day.

Chorus 1

              Fmaj7   **C**
We're throwing it all ⎯ away,

              Fmaj7   **C**
We're throwing it all ⎯ away,

              Fmaj7   **C**   **E7**
We're throwing it all ⎯ away at the end of the day.

Link

| **Am7** | **Am7 Cadd9** | **Am7** | **Am7 Cadd9** | **Am7** | **Am7 Cadd9** |

| **Am7 C/D** | **Cadd9 Cadd9/B** | **Am7** | **Am7** |

Verse 2

        Am7   **Fmaj7**
If you need it, something I can give,

     D7sus2   **E7**   **G**
I know I'd help you if I can,

         Am7   **Fmaj7**
If you're honest and you say that you did

      D7sus2   **E7**   **G**
You know that I would give you my hand,

         Am7   **Fmaj7**
Or a sad song in a lonely place.

      D7sus2   **E7**   **G**
I'll try to put a word in for you,

         Am7   **Fmaj7**
Need a shoulder? Well if that's the case

      D7sus2   **E7**   **G**
You know there's nothing I wouldn't do.

Pre-chorus 2

  C   **G**
    Where we're living in this town,

        Am7   **Fmaj7**
The sun is coming up and it's going down,

       C   **G**   **D**
But it's all just the same at the end of the day.

       C   **Cadd9/B**
When we cheat and we lie,

      Am7   **Fmaj7**
Nobody says it's wrong so we don't ask why,

           C   **G**   **D**
'Cause it's all just the same at the end of the day.

Chorus 2

                 Fmaj⁷   **C**
Don't throw it all ____ away,

                 Fmaj⁷   **C**
Don't throw it all ____ away,

                 Fmaj⁷   **C**
Don't throw it all ____ away,

                 Fmaj⁷   **C**   **Fmaj⁷**   **C**
Don't throw it all ____ away.

Chorus 3

               Fmaj⁷   **C**
Throwing it all ____ away,

               Fmaj⁷   **C**
Throwing it all ____ away,

               Fmaj⁷   **C**
Throwing it all ____ away,

               Fmaj⁷   **C**
Throwing it all ____ away,

               Fmaj⁷   **C**
Throwing it all ____ away,

                   Fmaj⁷   **C**   **E⁷**
You're throwing it all ____ away at the end of the day.

Outro

| **Am⁷** | **Am⁷ Cadd⁹** | **Am⁷** | **Am⁷ Cadd⁹** | **Am⁷** | **Am⁷ Cadd⁹** |

| **Am⁷ C/D** | **Cadd⁹ Cadd⁹/B** | **Am⁷** | **Am⁷** ‖

She Is Love

Words & Music by
Noel Gallagher

G5   Am11   F6   Cadd9

Tune Guitar
⑥ = D   ③ = G
⑤ = A   ② = B
④ = D   ① = D

Intro ‖: G5 | Am11 | F6 | Cadd9 :‖

| G5 | Am11 | F6 |

Verse 1

Cadd9   G5   Am11
    Oh when the sunshine beckons to____ ya

       F6   Cadd9
And your wings__begin to un - fold.__

    G5   Am11
The thoughts you bring and the songs____you sing

     F6   Cadd9
Are gonna keep me from the cold.____

      G5   Am11
And if the sword is hidden among____ ya

     F6   Cadd9
And its words__ may wound my soul____

       G5   Am11
You can fill me up with what____you've got

     F6   Cadd9
Cos my heart's been keeping old.____

Chorus 1

    G5   **Am11**
She is love,_____

         F6   **Cadd9**
And her ways__ are high and steep. _____

    G5   **Am11**
She is love, _____

        F6   **Cadd9**
And I believe__ her when she speaks.

G5   **Am11**
Love, _____

        F6   **Cadd9**
And her ways __ are high and steep._____

    G5   **Am11**
She is love,_____

        F6   **Cadd9**   **(G5)**
And I believe,__ I do believe_____ her when she (speaks.)

Interlude

| **G5** | **Am11** | **F6** | **Cadd9** |
speaks.

| **G5** | **Am11** | **F6** | **Cadd9** ‖

Verse 2

        G5   **Am11**
You're in all__ my thoughts of pas - sion

        F6   **Cadd9**
And the dreams__ of my delight._____

    G5   **Am11**
What - ever stirs my mor - tal frame,

    F6   **Cadd9**
Will you keep it warm at night?_____

   G5   **Am11**
I don't know where you come_____ from,

        F6   **Cadd9**
I know I have - n't got a clue,_____

G5   **Am11**   **F6**
All I know is I'm_____ in love with some - one

        Cadd9
Who loves me too.

Chorus 2
    G5   **Am11**
She is love,_____

    F6   **Cadd9**
And her ways___ are high and steep._____

    G5   **Am11**
She is love,_____

    F6   **Cadd9**
And I believe___ her when she speaks.

G5   **Am11**
Love,_____

    F6   **Cadd9**
And her ways___ are high and steep._____

    G5   **Am11**
She is love,_____

    F6   **Cadd9**   **(G5)**
And I believe,___ I do believe_____ her when she (speaks.)

Instrumental ‖: **G5** | **Am11** | **F6** | **Cadd9** :‖ *Play 4 times*
speaks.

Chorus 3
    G5   **Am11**
She is love,_____

    F6   **Cadd9**
And her ways___ are high and steep._____

    G5   **Am11**
She is love,_____

    F6   **Cadd9**
And I believe___ her when she speaks.

G5   **Am11**
Love,_____

    F6   **Cadd9**
And her ways___ are high and steep._____

    G5   **Am11**
She is love,_____

    F6   **Cadd9**   **G5** | **Am11** |
And I believe, ___ I do believe_____ her when she speaks.

F6   **Cadd9**   **G5**   **Am11**
I do believe_____ her when she___ speaks._____

F6   **Cadd9**   **G5**   **Am11**
I do believe_____ her when she___ speaks._____

F6   **Cadd9**   **G5**   **Am11**
I do believe_____ her when she___ speaks._____

Outro | **F6** | **F6** | **Cadd9** | **Cadd9** | **G5** ‖

149

Shakermaker

Words & Music by Noel Gallagher
(This work includes elements of "I'd Like To Teach The World To Sing",
Words & Music by Roger Cook, Roger Greenaway, Bill Backer & Billy Davis)

| B7 | B7add11 | E7 | Asus2 | E | A | F# | D |

Intro | B7 | B7 | B7 | B7add11 | E7 | E7 |

| B7 | B7 | Asus2 | E | B7 | F# ||

Verse 1
      B7
I'd like to be somebody else,

And not know where I've been.
      E7
I'd like to build myself a house
B7
Out of plasticine.

Chorus 1
A E   **B7**
Ah,___ shake along with me,
A E   **B7**   **F#**
Ah,___ shake along with me.

Verse 2
      B7
I've been driving in my car,

With my friend Mr. Soft.
E7
Mr. Clean and Mr. Ben
      B7
Are living in my loft.

Chorus 2   As Chorus 1

Guitar solo | B7 | B7 | B7 | B7 | E7 | E7 |

| B7 | B7 | A | E | B7 | F# ||

Bridge

    D   **A**   **B**7
I'm sorry but I just don't know,

    D   **A**   **B**7
I know you said I told you so.

           D   **A**   **B**7
But when you're happy and you're feeling fine,

               A   **E**
Then you'll know that it's the right time,

               A   **E**
Yeah you'll know that it's the wrong time:

       B7
To shake along with me,

       B7add11
Shake along with me,

    E7
Shake along with me,

       B7add11 | **Asus**2 | **E** | **B**7 | **F**♯ ‖
Shake along with me.

Verse 3

B7
Mr. Sifter sold me songs

When I was just sixteen.

E7
Now he stops at traffic lights

   B7
But only when they're green.

Chorus 3

‖: **A E**   **B**7
    Ah,___ shake along with me,

A E   **B**7
Ah,___ shake along with me. :‖

       B7
‖: Shake along with me,

      B7add11
Shake along with me. :‖ *Play 4 times*

Instrumental | **B**7 | **B**7 | **B**7 | **B**7 | **E**   ‖

She's Electric

Words & Music by
Noel Gallagher

Intro

Play 3 times

‖: E G♯ | C♯m A :‖ C D | E ‖

Verse 1

E G♯ C♯m A   E G♯ C♯m A
She's___ electric, she's in a family full of eccentrics,

      E   G♯ C♯m A C D E
She's done things I've never expected and I need more time.

E G♯ C♯m A E   G♯   C♯m   A
She's___ got a sister, and God only knows how I've missed her,

      E   G♯   C♯m A C D E   ‖ A
And on the palm of her hand is a blister, and I need more time.

Chorus 1

   Amaj7   A   Amaj7   A
And I want you to know I've got my mind made up now,

   Amaj7   E | E | A
But I need more time.

   Amaj7   A   Amaj7   A
And I want you to say, do you know what I'm saying?

   Amaj7
But I need more,

        E
'Cause I'll be you and you'll be me,

      E7
There's lots and lots for us to see,

F♯m7add4
Lots and lots for us to do,

B
She is electric, can I be electric too?

Instrumental

Play 3 times

‖: E G♯ | C♯m A :‖ C D | E ‖

Verse 2

E   G♯   C♯m A   E   G♯   C♯m A

She's___ got a brother, we don't get on with one another,

E   G♯   C♯m A   C   D   E

But I quite fancy her mother, and I think she likes me.

E   G♯   C♯m A E   G♯   C♯m   A

She's___ got a cousin in fact she's got 'bout a dozen,

E   G♯   C♯m A   C   D   E   ‖ A

She's got one in the oven, but it's nothing to do with me.

Chorus 2

Amaj⁷   A   Amaj⁷   A

And I want you to know I've got my mind made up now,

Amaj⁷   E | E | A

But I need more time.

Amaj⁷   A   Amaj⁷   A

And I want you to say, do you know what I'm saying?

Amaj⁷

But I need more,

E

'Cause I'll be you and you'll be me,

E⁷

There's lots and lots for us to see,

F♯m⁷add⁴

Lots and lots for us to do,

B   C   D | E | C   D

She is electric, can I be electric too?

Outro

E   C   D | E | C   D

Can I be electric too?

E   C   D | E | C   D

Can I be electric too?

E   C   D | E |

Can I be electric too?

C | D | E | E   ‖

Ah._____

153

Slide Away

Words & Music by
Noel Gallagher

Am7   G   Fmaj9   Fadd9   G7   C   D7   E

Intro   ‖: Am7 | G Fmaj9 | Am7 | G Fmaj9 :‖

Verse 1

Am7   G   Fmaj9
Slide away and give it all you've got,
Am7   G   Fmaj9
My today fell in from the top.
    Am7   G   Fmaj9
I dream of you and all the things you say,
Am7   G   Fmaj9
I wonder where you are now?

Verse 2

Am7   G   Fmaj9
Hold me now all the world's asleep,
    Am7   G   Fmaj9
I need you now, you've knocked me off my feet.
    Am7   G   Fmaj9
I dream of you, we talk of growing old
Am7   G   Fmaj9
But you said please don't.

Bridge 1

G   Fadd9
Slide in baby,
    G   Fadd9
Together we'll fly,
G   Fadd9
I tried praying,
        G   G7
But I don't know what you're saying to me.

154

Chorus 1

                C   **G**   **Fmaj⁹**
Now that you're mine we'll find a way of chasing the sun.

              Am⁷   **G**
Let me be the one that shines with you

      D⁷   **Fmaj⁹**
In the morning when you don't know what to do.

       C   **G**   **Fmaj⁹**
Two of a kind, we'll find a way to do what we've done.

           Am⁷   **G**
Let me be the one that shines with you,

           Fmaj⁹ **D⁷**
And we can slide away,

      Fmaj⁹ **D⁷**   **Fmaj⁹** **D⁷** **G** | **E**   ‖
Slide away,   slide away,   away.

Guitar solo   Chords as Verse 1 and Bridge 1

Verse 3   As Verse 1

Bridge 2

G   **Fadd⁹**
Slide in baby,

G   **Fadd⁹**
Together we'll fly,

G   **Fadd⁹**
I've tried praying,

       G   **G⁷**
And I know just what you're saying to me.

Chorus 2

                C   **G**   **Fmaj⁹**
Now that you're mine we'll find a way of chasing the sun.

              Am⁷   **G**
Let me be the one that shines with you

      D⁷   **Fmaj⁹**
In the morning when you don't know what to do.

       C   **G**   **Fmaj⁹**
Two of a kind, we'll find a way to do what we've done.

           Am⁷   **G**
Let me be the one that shines with you,

           Fmaj⁹ **D⁷**
And we can slide away,

      Fmaj⁹ **D⁷**   **Fmaj⁹**
Slide away,   slide away,

  D⁷   **Fmaj⁹** **D⁷**   **Fmaj⁹**
‖: Slide away,   slide away. :‖   *Repeat ad lib. to fade*

Some Might Say

Words & Music by
Noel Gallagher

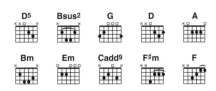

D5	Bsus2	G	D	A
Bm	Em	Cadd9	F#m	F

Intro | D5 | D5 | Bsus2 | Bsus2 | G | D | A | A   ‖

Guitar solo | D | D | Bm | Bm | G | D | A | A   ‖

Verse 1

  D   Bm
Some might say that sunshine follows thunder,
         G   D   A
Go and tell it to the man who cannot shine.
  D   Bm
Some might say that we should never ponder
        G   D   A
On our thoughts today 'cause they hold sway over time.

Chorus 1

          Em   G   D
Some might say we will find a brighter day,
          Em   Cadd9   G
Some might say we will find a brighter day.

Bridge 1

                D   G
'Cause I've been standing at the station,
   Em   G   D G | Em G
In need of education, in the rain.
     D   G   Em   G   D G | Em G
You made no preparation for my reputation once again.
     D   G   Em   G   D G | Em G
The sink is full of fishes, she's got dirty dishes on the brain.
      D   G
It was overflowing gently
       Em   G   D G | Em G | F#m | F | Cadd9 | A ‖
But it's all elementary my friend.

Guitar solo		D		D		Bm		Bm	

		G		D		A		A	‖

D   **Bm**

Verse 2   Some might say they don't believe in heaven,

            G   **D**   **A**

Go and tell it to the man who lives in hell.

D   **Bm**

Some might say you get what you've been given,

        G   **D**   **G**

If you don't get yours I won't get mine as well.

Chorus 2   As Chorus 1

(G)   **D**   **G**

Bridge 2   'Cause I've been standing at the station,

    Em   **G**   **D**   **G** | **Em** **G**

In need of education, in the rain.

         D   **G**   **Em**   **G**   **D** **G** | **Em** **G**

You made no preparation for my reputation once again.

      D   **G**   **Em**   **G**   **D** **G** | **Em** **G**

The sink is full of fishes, she's got dirty dishes on the brain.

D   **G**

How my dog's been itchin',

Em   **G**   **D**   **G** | **Em** **G**

Itchin' in the kitchen once again.

G   **D**   **G** | **Em**

Outro   Some might say,

G   **D**   **G** | **Em**

Some might say,

   (Em)   **G**   **D**   **G** | **Em**

‖: You know some might say,

          G   **D**   **G** | **Em**

You know some might say.   :‖

Repeat to fade

Songbird

Words & Music by
Liam Gallagher

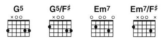

Intro   *Spoken:* Three four.

| G5 | G5   ‖

                  G5
Verse 1   Talking to the songbird yesterday
                              G5/F♯   Em7
                  Flew me to a place not far a - way.

                  She's a little pilot in my mind,
                                      Em7/F♯   **G5**
                  Singing songs of love to pass the time.

                  G5
Chorus 1   Gonna write a song so she can see,
                              G5/F♯   Em7
                  Give her all the love she gives to me.

                  Talk of better days that have yet to come
                                      Em7/F♯ G5
                  Never felt this love from anyone.____

                  She's not any - one,
                        G5/F♯ Em7
                  She's not anyone.____
                              Em7/F♯
                  She's not anyone.

Verse 2

G5

     A man can never dream these kind of things

                             G5/F♯   **Em7**

Especially when she came and spread her wings.

Whispered in my ear the things I'd like

                    Em7/F♯ **G5**

Then she flew away in - to the   night.

Chorus 2

Gonna write a song so she can see,

                   G5/F♯   **Em7**

Give her all the love she gives to me.

Talk of better days that have yet to come

                   Em7/F♯ **G5**

Never felt this love from anyone.

She's not anyone,

      G5/F♯ **Em7**

She's not any - one.____

She's not anyone.

Instrumental

G5	G5	G5	G5 G5/F♯
Em7	Em7	Em7	Em7 Em7/F♯
G5	G5	G5	G5 G5/F♯
Em7	Em7	Em7	Em7 Em7/F♯ G5

Stand By Me

Words & Music by
Noel Gallagher

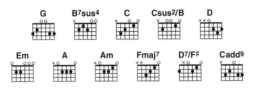

Intro	‖: G	B7sus4	C Csus2/B D :‖

Verse 1

    G   B7sus4
Made a meal and threw it up on Sunday,

      C   Csus2/B   D
I've __ gotta lot of things to learn.

    G   B7sus4
  Said I would and I'll be leaving one day,

      C   Csus2/B D
Before my heart starts to burn.

Bridge 1

      C   D
  So what's the matter with you?

G   D   Em
Sing me something new.

                    A
Don't you know the cold and wind and rain don't know,

     C   D
They only seem to come and go away.

Verse 2

    G   B7sus4
Times are hard when things have got no meaning,

      C   Csus2/B   D
I've __ found a key upon the floor.

    G   B7sus4
  Maybe you and I will not believe in

      C   Csus2/B D
The things we find behind the door.

Bridge 2   As Bridge 1

Chorus 1

G   D   Am
 Stand by me, nobody knows, ____

       C Fmaj7 D7/F♯
The way it's gonna be.

G   D   Am
 Stand by me, nobody knows, ____

       C Fmaj7 D7/F♯
The way it's gonna be.

G   D   Am
 Stand by me, nobody knows, ____

       C Fmaj7 D7/F♯
The way it's gonna be.

G   D   Am
 Stand by me, nobody knows, ____

      C
Yeah, nobody knows, ____

D   G
 The way it's gonna be.

Verse 3

G   B7sus4
 If you're leaving, will you take me with you?

   C   Csus2/B D
I'm tired of talking on my phone.

G   B7sus4
There is one thing I can never give you,

   C   Csus2/B D
My heart can never be your home.

Bridge 3

C   D
 So what's the matter with you?

G D   Em
Sing me something new.

        A
Don't you know the cold and wind and rain don't know,

   C   D
They only seem to come and go away.

Chorus 3

G   D   Am
Stand by me, nobody knows, ____
                  C Fmaj^7 D^7/F$^\sharp$
The way it's gonna be.

G   D   Am
Stand by me, nobody knows, ____
                  C Fmaj^7 D^7/F$^\sharp$
The way it's gonna be.

G   D   Am
Stand by me, nobody knows, ____
                  C Fmaj^7 D^7/F$^\sharp$
The way it's gonna be.

G   D   Am
Stand by me, nobody knows, ____
               C
Yeah, nobody knows, ____

D   Em D Cadd^9
The way it's gonna be.

Cadd^9 Em   D Cadd^9
The way it's gonna be, yeah,

Cadd^9 Em   D^7/F$^\sharp$ Cadd^9
Maybe I can see, yeah.

Cadd^9 A
Don't you know the cold and wind and rain don't know,

      C   D
They only seem to come and go away. Hey!

Chorus 4

G   D   Am
Stand by me, nobody knows, ____
                  C Fmaj^7 D^7/F$^\sharp$
The way it's gonna be.

G   D   Am
Stand by me, nobody knows, ____
                  C Fmaj^7 D^7/F$^\sharp$
The way it's gonna be.

G   D   Am
Stand by me, nobody knows, ____
                  C Fmaj^7 D^7/F$^\sharp$
The way it's gonna be.

G   D   Am
Stand by me, nobody knows, ____
                  C
Yeah, God only knows, ____

D   G
The way it's gonna be.

Stay Young

Words & Music by
Noel Gallagher

D	Em⁷	G	A	F♯	G/F♯

Intro   ‖: D | D | Em⁷ | G   :‖

Verse 1

      D   Em⁷   G
One way out is all you're ever gonna get from

      D   Em⁷
Those who'll hand them out.

                G
Don't ever let it upset you

                D   Em⁷
'Cause they'll put words into your mouths.

Pre-chorus 1

           G   Em⁷
They're making you feel so ashamed,

           G   Em⁷
They're making you taking the blame,

          G   Em⁷
Making you cold in the night.

           G
They're making you question

          A
Your heart and your soul

And I think that it's not quite right.

Chorus 1

      D   F♯   G   G/F♯
Hey, stay young and invincible,

             Em⁷   A
'Cause we know just what we are,

      D   F♯   G   G/F♯
And come what may we're unstoppable,

            Em⁷   A   G   G/F♯
'Cause we know just what we are, _____

cont.
        Em7   **A**   **G**   **G/F♯**
Yeah we know just what we are, _____

        Em7
Yeah we know just what we are.

Solo 1
‖: **D** | **D** | **Em7** | **G**   :‖

Verse 2
D   **Em7**
Feed your head with all the things

    G
You need when you're hungry,

D   **Em7**
Stay in bed and sleep

         G
All day as long as it's Sunday.

Pre-chorus 2
        D   **Em7**
'Cause they'll put words into my mouth,

       G   **Em7**
They're making us feel so ashamed,

       G   **Em7**
They're making me taking the blame.

       G   **Em7**
They're making me cold in the night,

       G   **A**
They're making me question my heart and my soul

And I think it's not quite right.

Chorus 2
D   **F♯**   **G**   **G/F♯**
Hey, stay young and invincible,

        Em7   **A**
'Cause we know just what we are,

       D   **F♯**   **G**   **G/F♯**
And come what may we're unstoppable,

        Em7   **A**   **G** **G/F♯**
'Cause we know just what we are, _____

        Em7   **A**   **G** **G/F♯**
Yeah we know just what we are, _____

        Em7
Yeah we know just what we are.

Solo 2   ‖: D | D | Em7 | G :‖

| Em7 | G | Em7 | G | Em7 | G |

| A | A G | A | A ‖

Chorus 3

D   F♯   G   G/F♯
Hey, stay young and invincible,

          Em7   A
'Cause we know just what we are,

    D   F♯   G   G/F♯
And come what may we're unstoppable,

       Em7   A
'Cause we know just what we are.

D   F♯   G   G/F♯
Hey, stay young and invincible,

       Em7   A
'Cause we know just what we are,

    D   F♯   G   G/F♯
And come what may my faith's unshakeable,

       Em7   A
'Cause we know just what we are.

Link | D | F♯ | G G/F♯ |

Coda

       Em7   A   D F♯ G G/F♯
'Cause we know just what we are, _____

       Em7   A   D F♯ G G/F♯
'Cause we know just what we are, _____

       Em7   A   D F♯ G G/F♯
'Cause we know just what we are, _____

       Em7   A   D F♯
'Cause we know just what we are. _____

G G/F♯ Em7   A
Know just what we are,

G G/F♯ Em7   A
Know just what we are,

G G/F♯ Em7   A
Know just what we are,

G G/F♯ Em7   A
Know just what we are.

Instrumental   ‖: D | D | D | D :‖   *Repeat to fade*

Step Out

Words & Music by Noel Gallagher
(This work includes elements of "Uptight (Everything's Alright)",
Words & Music by Stevie Wonder, Henry Cosby & Sylvia Moy)

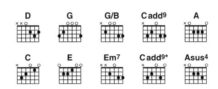

Play 4 times

Intro   ‖: D   G │ G/B Cadd9 G/B │ Cadd9 G/B Cadd9 G/B │ D   :‖

Verse 1
     D G G/B Cadd9
What she said, she said to me,
G/B Cadd9 G/B Cadd9 D
Take me high on a mountain side.
     D   G G/B Cadd9
She was dressed up in leopard skin,
G/B Cadd9 G/B Cadd9   D
And her soul would never be denied.

Pre-chorus 1
   A
I met her down the disco in a beat up car,
   C   G   C G
She was burning down the road.
   A
She looked just like a star in a Jaguar,
   E   G
She needs to lighten her load.

Chorus 1
      D   Em7   Cadd9
And when you might think you're gonna cry,
       D   Em7 Cadd9
You will be all right, step out tonight.
D   Em7   Cadd9
You might think you're gonna cry,
     D   Em7   Cadd9
It will be all right, step out tonight.

Verse 2

```
            D   G  G/B    Cadd9
What I said, I    said to her,
G/B    Cadd9  G/B       Cadd9      D
'I'm alive     when you walk that way.
          D    G   G/B  Cadd9
Can you hear what I can hear?
G/B    Cadd9  G/B   Cadd9    D
It's the sound  of a  brand new day.'
```

Pre-chorus 2

```
            A
She met me down a disco in a beat up car,
             C                 G       C  G
I was burning down the road.
            A
I can be a star in a Jaguar,
      E            G
I need to lighten my load.
```

Chorus 2

```
            D       Em7          Cadd9
Because you might think you're gonna cry,
          D        Em7      Cadd9
It will be all right, step out tonight.
D         Em7          Cadd9
You might think you're gonna cry,
            D        Em7      Cadd9
It will be all right, step out tonight.
```

Bridge

```
G                                  D
   My whole life is sinking in the water,
   Cadd9*                    Asus4
I need a ship not your sweet lip tonight.
```

Solo

```
‖: D      G │ G/B  Cadd9  G/B │ Cadd9  G/B  Cadd9  G/B │ D      :‖

│ G        │ G        │ D        │ D        │

│ Cadd9*   │ Cadd9*   │ Asus4    │ Asus4    ‖
```

Chorus 3

```
D         Em7          Cadd9
You might think you're gonna cry,
            D        Em7      Cadd9
It will be all right, step out tonight.
D         Em7          Cadd9
You might think you're gonna cry,
            D        Em7      Cadd9
It will be all right, step out tonight.
```

Chorus 4

         Em⁷   **Cadd⁹**
You might think you're gonna cry,

            D   **Em⁷**   **Cadd⁹**
It will be all right, step out tonight.

            D   **Em⁷**   **Cadd⁹**
And when you might think you're gonna cry,

            D   **Em⁷**   **Cadd⁹** **D**
It will be all right, step out tonight.

Outro

         Em⁷   **Cadd⁹** **D**
Step out tonight,

         Em⁷   **Cadd⁹** **D**
Step out tonight,

         Em⁷   **Cadd⁹** **D**
Step out tonight, step out tonight,

         Em⁷   **Cadd⁹** **D**
Step out tonight, step out tonight,

         Em⁷   **Cadd⁹** **D**
Step out tonight, step out tonight,

         Em⁷   **Cadd⁹** **D**
Step out tonight, step out tonight,

         Em⁷   **Cadd⁹** **D**
Tonight, tonight, tonight,

             Em⁷   **Cadd⁹** **D**
Tonight, tonight, tonight. _____

Stop Crying Your Heart Out

Words & Music by
Noel Gallagher

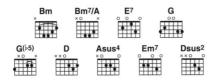

Intro | Bm | Bm | Bm ‖

Verse 1
Bm
   Hold up,____

Bm7/A
Hold on,____

          E7
Don't be scared____

                     G
You'll never change what's been and gone.

Verse 2
               Bm
May your smile___ (may your smile)___

Bm7/A
Shine on,_____ (shine on)___

             E7
Don't be scared,___ (don't be scared)___

             G
Your destiny will keep you warm.

Chorus 1

G(♭5)   D
'Cause all of the stars____

                 Asus4
Are fading away,____

                 Em7
Just try not to wor - ry,

                 G
You'll see them some day.

                 D
Take what you need,____

                 E7
And be on your way____

                 G
And stop crying your heart__ out.

Verse 3

G(♭5)   Bm
Get up, __(get up)____

                 Bm7/A
Come on,____ (come on)____

                 E7
Why you scared?__ (I'm not scared)____

                 G
You'll never change what's been and gone.

Chorus 2

G(♭5)   D
'Cause all of the stars____

                 Asus4
Are fading away,____

                 Em7
Just try not to wor - ry,

                 G
You'll see them some day.

                 D
Take what you need,____

                 E7
And be on your way____

                 G | G(♭5) |
And stop crying your heart__ out.

Interlude

| D | Asus4 | Em7 | G | D |
                 Ah,____

| E7 | G   ‖
          Ah.____

Chorus 3

                D
'Cause all of the stars____

             Asus⁴
Are fading away,____

          Em⁷
Just try not to wor - ry,

           G
You'll see them some day.

           D
Take what you need, ____

              Asus⁴
And be on your way____

                Em⁷
And stop crying your heart__out.

Chorus 4

G   **D**
  Where all of us stars____

           Asus⁴
Were fading away,____

          Em⁷
Just try not to worry,

          G
You'll see us some day.

          D
Take what you need, ____

            Asus⁴
And be on your way____

            Em⁷
And stop crying your heart__out.

G   **Em⁷**
  Stop crying your heart ___ out,

G   **Em⁷**
  Stop crying your heart ___ out,

G   **Em⁷** | **G** |
  Stop crying your heart ___ out.

Outro

| **Em⁷** | **G** | **Em⁷** | **G** |

| **Em⁷** | **G** | **Em⁷** | **G** ⌢ ‖

| **Dsus²** | **Asus⁴** | **Em⁷** | **G** |

| **D Dsus²** | **Asus⁴** | **Em⁷** | **G** | **D** ⌢ ‖

171

Sunday Morning Call

Words & Music by
Noel Gallagher

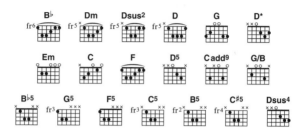

Intro | B♭ | B♭ ‖

Verse 1

    B♭   Dm   Dsus²
Here's another sunday morning call,

            B♭   Dm   Dsus²
Yer hear yer head a-banging on the door.

B♭   Dm   Dsus²
  Slip your shoes on and then out you crawl

           B♭   Dm Dsus²   D
Into a day that couldn't give you more. But what for?

Chorus 1

               G   D*
And in your head, do you feel

             Em   C
What you're not supposed to feel?

          G   D*
And you take what you want

         F   Em D*
But you don't get it for free.

       G   D*
You need more time

        Em   C   G
'Cos your thoughts and words won't last forever more

            D*   Em   C
And I'm not sure if it'll ever work out right.

          D5 Cadd9 G/B Cadd9   D5   Cadd9 G/B
But it's OK.   It's all right.

Verse 2

B♭   Dm   Dsus2
When yer lonely and you start to hear

        B♭   Dm   Dsus2
The little voices in your head at night,

B♭   Dm   Dsus2
   You will only sniff away the tears

        B♭   Dm Dsus2   D
And you can dance until the morning light.   At what price?

Chorus 2

              G   D*
And in your head, do you feel

            Em   C
What you're not supposed to feel?

       G   D*
And you take what you want

          F   Em D*
But you won't get it for free.

     G   D*
You need more time

         Em   C   G
'Cos your thoughts and words won't last forever more.

             D*   Em   C
And I'm not sure if it'll ever work out right.

            D5   Cadd9 G/B   Cadd9   D5   Cadd9 G/B B♭5
But it's OK.   It's all right.

Solo

| G5 F5 | G5 B♭5 | C5 B♭5 | C5 B♭5 F5 | G5 F5 | G5 B♭5 |

| C5 B♭5 | C5 B5 C5 C♯5 | D* Dsus4 | D* | C | D* |

Chorus 3

              G   D*
And in your head, do you feel

            Em   C
What you're not supposed to feel?

       G   D*
And you take what you want

          F   Em D*
But you won't get hope for free.

     G   D*
You need more time

         Em   C   G
'Cause your thoughts and words won't last forever more.

               D*   F   C   G   D*
But I'm not sure if it'll ever, ever, ever work out right,

          F   C   G   D*
If it'll ever, ever, ever work out right,

        F   C   G
Will it ever, ever, ever work out right?

Supersonic

Words & Music by
Noel Gallagher

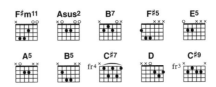

F#m11   Asus2   B7   F#5   E5

A5   B5   C#7 fr4   D   C#9 fr3

Play 3 times

Intro   ‖: F#m11 | Asus2 B7 :‖ F#m11 | Asus2 B7 |

Verse 1
   F#5   E5 F#5 E5 | A5 B5
I need to be by myself,

    F#5   E5 F#5 E5 | A5 B5
I can't be no one else,

  F#5   E5 F#5 E5 A5   B5
I'm feeling supersonic, give me gin and tonic,

F#5   E5 F#5 A5   B5
You can have it all but how much do you want it?

   F#5   E5 F#5 E5 | A5 B5
You make me laugh,

     F#5 E5 F#5 E5 | A5 B5
Give me your autograph,

   F#5   E5 F#5 A5 B5
Can I ride with you in your B.M.W.?

   F#5   E5 F#5 A5   B5
You can sail with me in my yellow submarine.

Bridge 1
     E5
You need to find out,

              F#5
'Cause no one's gonna tell you what I'm on about.

     E5
You need to find a way,

        C#7
For what you want to say, but before tomorrow.

Chorus 1

         D   **A5**   **E5**   **F#5**
'Cause my friend said he'd take you home,

     D   **A5**   **E5**   **F#5**
He sits in a corner all alone.

D   **A5**   **E5**   **F#5**
He lives under a waterfall,

D   **A5**
Nobody can see him,

E5   **F#5**   **D**   **A5**
Nobody can ever hear him call,

E5   **F#5**   **D**   **A5**
Nobody can ever hear him call.

Guitar solo | **E5** **F#5** | **D**   **A5** | **E5** **F#5** | **D**   **A5** |

                    | **E5** **F#5** | **E5** | **E5** | **C#9** | **C#9** |

Verse 2

              F#5   **E5 F#5** **E5** | **A5 B5**
You need to be yourself,

                F#5   **E5 F#5** **E5** | **A5 B5**
You can't be no one else.

  F#5   **E5** **F#5 E5** **E5** **A5**   **B5**
I know a girl called Elsa, she's into Alka Seltzer,

   F#5   **E5 F#5**   **A5**   **B5**
She sniffs it through a cane on a supersonic train.

       F#5   **E5 F#5** **E5** | **A5 B5**
And she makes me laugh,

        F#5 **E5 F#5** **E5** | **A5 B5**
I got her autograph.

       F#5   **E5 F#5** **E5 A5**   **B5**
She's done it with a doctor   on a helicopter,

      F#5   **E5** **F#5** **E5 A5**   **B5**
She's sniffin' in her tissue, sellin' the big issue.

Bridge 2

          E5
When she finds out,

                         F#5
'Cause no one's gonna tell her what I'm on about.

          E5
You need to find a way

              C#7
For what you want to say, but before tomorrow.

Chorus 2   As Chorus 1

Guitar solo ‖: **E5** **F#5** | **D**   **A5** :‖   *Repeat to fade*

Talk Tonight

Words & Music by
Noel Gallagher

Em7   A7sus4   C7   G   Cadd9   D

Intro | Em7 | Em7 | A7sus4 | A7sus4 | C7 | G | A7sus4 | Cadd9 ‖

Verse 1

Em7
Sitting on my own, chewing on a bone,

A7sus4
A thousand million miles from home,

Cadd9   G
When something hit me

A7sus4   Cadd9
Somewhere right between the eyes,

Em7
Sleeping on a plane, you know you can't complain,

A7sus4
You took your last chance once again.

Cadd9 G
I landed, stranded,

A7sus4   Cadd9
Hardly even knew your name.

Chorus 1

                    G   D   Em7
I wanna talk tonight ____

            Cadd9   G   D   Em7
Until the morning light ____

              Cadd9   G   D   Em7
'Bout how you saved my life. ____

                Cadd9   A7sus4 Cadd9
And you and me see how we are,

                         A7sus4   Cadd9
You and me see how we are.

Link | Em7 | Em7 | A7sus4 | A7sus4 | C7 | G | A7sus4 | Cadd9 ‖

Verse 2

Em7
All your dreams are made of strawberry lemonade

A7sus4
And you make sure I eat today.

Cadd9   G
You take me walking

A7sus4   Cadd9
To where you played when you were young.

Em7
I'll never say that I won't ever make you cry,

A7sus4
And this I'll say, I don't know why,

Cadd9   G
I know I'm leaving

A7sus4   Cadd9
But I'll be back another day.

Chorus 2

               G   D   Em7
I wanna talk tonight ____

         Cadd9   G   D   Em7
Until the morning light ____

             Cadd9   G   D   Em7
'Bout how you saved my life. ____

         Cadd9 G   D   Em7
I wanna talk   tonight

D   Cadd9 D G   D   Em7
'Bout how you saved   my life.

Coda

             Cadd9   G   D   Em7
‖: 'Bout how you saved my life.   :‖ *Play 3 times*

G   D   Em7 Cadd9 D
I wanna talk tonight,

G   D   Em7 Cadd9
I wanna talk tonight,

G   D   Em7 Cadd9 D
I wanna talk tonight,

G   D   Em7 Cadd9
I wanna talk tonight.

Outro

| A7sus4 | Cadd9 | A7sus4 | Cadd9 | Em7 ‖

Turn Up The Sun

Words & Music by
Andy Bell

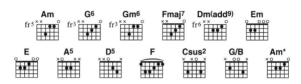

Capo second fret

Intro

Am	Am	G6	G6
Gm6	Gm6	Fmaj7	Fmaj7
Dm(add9)	Dm(add9)	Em	Em
Fmaj7	Fmaj7	E	E
A5	A5	A5	A5
A5	A5	A5	A5

Verse 1

A5
    I carry madness everywhere I go,

Over the border and back to the snow.

D5
    So if you see me, and I look right through,

A5
    You shouldn't take it as a reflection on you.

Chorus 1

F   D5
    Come on, turn up the sun,

            Csus2 G/B A5
Turn it up for every - one.

Love one another,

Love one another.

Verse 2

A⁵
The boys in the bubble, they wanna be free,

And they got so blind that they cannot see.

D⁵
But I'm not your keeper, I don't have a key,

A⁵
I got a piano, I can't find the "C".

Chorus 2   As Chorus 1

Chorus 3   As Chorus 1

Outro

‖: **Am** | **Am** | **G⁶** | **G⁶** |

| **Gm⁶** | **Gm⁶** | **Fmaj⁷** | **Fmaj⁷** |

| **Dm(add9)** | **Dm(add9)** | **Em** | **Em** |

| **Fmaj⁷** | **Fmaj⁷** | **E** | **E** :‖

| **Am*** ‖

Underneath The Sky

Words & Music by
Noel Gallagher

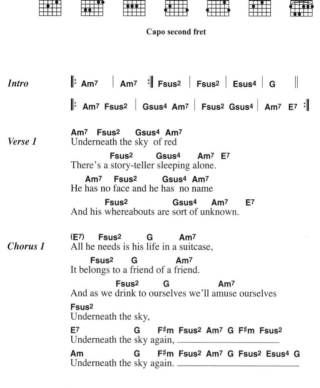

Capo second fret

Intro

‖: Am7 | Am7 :‖ Fsus2 | Fsus2 | Esus4 | G ‖

‖: Am7 Fsus2 | Gsus4 Am7 | Fsus2 Gsus4 | Am7 E7 :‖

Verse 1

Am7　Fsus2　　Gsus4　Am7
Underneath the sky of red

　　　　Fsus2　　　Gsus4　　　Am7　E7
There's a story-teller sleeping alone.

　　Am7　Fsus2　　　Gsus4　Am7
He has no face and he has no name

　　　　Fsus2　　　　Gsus4　　Am7　　E7
And his whereabouts are sort of unknown.

Chorus 1

(E7)　Fsus2　　G　　Am7
All he needs is his life in a suitcase,

　　　Fsus2　G　　　Am7
It belongs to a friend of a friend.

　　　Fsus2　　　G　　　　　Am7
And as we drink to ourselves we'll amuse ourselves

Fsus2
Underneath the sky,

E7　　　　　G　　F♯m Fsus2 Am7 G F♯m Fsus2
Underneath the sky again, _____

Am　　　　G　　F♯m Fsus2 Am7 G Fsus2 Esus4 G
Underneath the sky again. _____

Link 1

| Am7 Fsus2 | Gsus4 Am7 | Fsus2 Gsus4 | Am7 E7 ‖

Verse 2

Am⁷　　　**Fsus²**　　**Gsus⁴**　　**Am⁷**
So wish me away to an unknown place,

Fsus²　　**Gsus⁴**　　　**Am⁷ E⁷**
I'm living in a land with no name.

　　　Am⁷　　**Fsus²**　　　**Gsus⁴**　　**Am⁷**
I'll be making a start with my brand new heart,

Fsus²　　　　**Gsus⁴**　　　**Am⁷ E⁷**
Stop me making sense once again.

Chorus 2

(E⁷)　　**Fsus²**　　**G**　　　**Am⁷**
All we need is our lives in a suitcase,

　　　Fsus²　　**G**　　　**Am⁷**
They belong to a friend of a friend.

　　　　　Fsus²　　**G**　　　　　**Am⁷**
And as we drink to ourselves we'll amuse ourselves

Fsus²
Underneath the sky,

Esus⁴　　　　**G**　　**F♯m Fsus² Am⁷ G F♯m Fsus²**
Underneath the sky again, _____

Am　　　　　**G**　　**F♯m Fsus² Am⁷ G Fsus² Esus⁴ G**
Underneath the sky again. _____

Piano solo　　‖: **Am⁷ Fsus²** ∣ **Gsus⁴ Am⁷** ∣ **Fsus² Gsus⁴** ∣ **Am⁷ E⁷** :‖

Chorus 3

(E⁷)　　**Fsus²**　　**G**　　　**Am⁷**
All we need is our lives in a suitcase,

　　　Fsus²　　**G**　　　**Am⁷**
They belong to a friend of a friend.

　　　　　Fsus²　　**G**　　　　　**Am⁷**
And as we drink to ourselves we'll amuse ourselves

Fsus²
Underneath the sky,

Esus⁴　　　　**G**　　**F♯m Fsus² Am⁷ G F♯m Fsus²**
Underneath the sky again, _____

Am　　　　　**G**　　**F♯m Fsus² Am⁷ G F♯m Fsus²**
Underneath the sky again. _____

Coda

Am⁷　　　　　**G**　　**F♯m Fsus² Am⁷ G F♯m Fsus²**
Underneath the sky again, _____

Am⁷　　　　　**G**　　**F♯m Fsus²**
Underneath the sky again, _____

Am⁷　　　　　**G**　　　　**Fsus²**
Underneath the sky again, _____

　　　　Esus⁴　　　　**G**　　　　　　**Am⁷**
Again, (again,) again, (again.) Underneath the sky again.

181

Up In The Sky

Words & Music by
Noel Gallagher

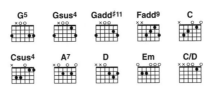

G5	Gsus4	Gadd#11	Fadd9	C
Csus4	A7	D	Em	C/D

Intro | G5 | G5 | G5 | G5 | G5 | G5 | Gsus4 |

| Gsus4 | Gadd#11 | Gsus4 | G5 | G5 | G5 ‖

Verse 1

G5
Hey you! Up in the sky

Learning to fly, tell me how high
        Fadd9   **C**
Do you think you'll go
                G5
Before you start falling?

Hey you, up in a tree,

You wanna be me, well that couldn't be
                Fadd9   **C**
'Cause the people here,
                G5   **C** **Csus4 C**
They don't hear you calling.
                A7   **G5**
How does it feel when you're inside me?

Verse 2

(G5)
Hey you! Wearing the crown,

Making no sound, I heard you feel down,
                Fadd9   **C**
Well that's just too bad,
                G5
Welcome to my world.

cont.

(G5)
Hey you! Stealing the light,

I heard that the shine's gone out of your life,

        Fadd9   **C**
Well that's just too bad,

       G5   **C** **Csus4** **C**
Welcome to my world.

      A7   **G5**
How does it feel when you're inside me?

Bridge 1

D
You'll need assistance with the things that you

   Em   **D** **C**
Have never ever seen,

D
It's just a case of never breathing out

  Em   **D C** **A7**
Before you've breathed it in.

      C/D   **G5** | **G5** | **G5** | **G5** ‖
How does it feel when you're inside?

| **G5** | **G5** | **G5** |

  Gsus4   **Gadd♯11 Gsus4**
I can feel you, can you feel   me?

| **G5** | **G5** | **G5** | **G5** ‖

Verse 3   As Verse 1

Bridge 2   As Bridge 1

Instrumental | **G5** | **G5** | **G5** | **G5** |

‖: **G5** | **G5** | **G5** | **G5** |

| **Gsus4** | **Gsus4** | **Gadd♯11** | **Gsus4** :‖   *Repeat to fade*

Whatever

Words & Music by Noel Gallagher
(this work includes musical elements of "How Sweet To Be An Idiot", Music by Neil Innes)

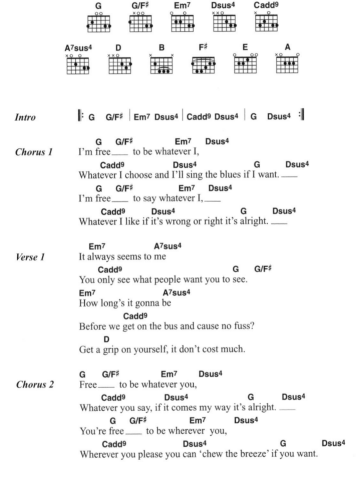

Intro   ‖: G   G/F♯ │ Em7   Dsus4 │ Cadd9   Dsus4 │ G   Dsus4 :‖

Chorus 1
　　　　　G　G/F♯　　　Em7　Dsus4
I'm free＿＿ to be whatever I,
　　　　Cadd9　　　　Dsus4　　　　　　G　　　Dsus4
Whatever I choose and I'll sing the blues if I want. ＿＿
　　　　　G　G/F♯　　　Em7　Dsus4
I'm free＿＿ to say whatever I, ＿＿
　　　　Cadd9　　　　Dsus4　　　　　　G　　　Dsus4
Whatever I like if it's wrong or right it's alright. ＿＿

Verse 1
　　　　Em7　　　　　　A7sus4
It always seems to me
　　　　Cadd9　　　　　　　　　　　　G　　G/F♯
You only see what people want you to see.
Em7　　　　　　　　A7sus4
How long's it gonna be
　　　　　　　Cadd9
Before we get on the bus and cause no fuss?
　　　　D
Get a grip on yourself, it don't cost much.

Chorus 2
　　G　　G/F♯　　　Em7　　Dsus4
Free＿＿ to be whatever you,
　　　　Cadd9　　　　Dsus4　　　　　　G　　Dsus4
Whatever you say, if it comes my way it's alright. ＿＿
　　　　G　　G/F♯　　　Em7　　Dsus4
You're free＿＿ to be wherever you,
　　　　Cadd9　　　　　Dsus4　　　　　G　　　Dsus4
Wherever you please you can 'chew the breeze' if you want.

Verse 2

     Em   A7sus4
It always seems to me

      Cadd9   G   G/F♯
You only see what people want you to see.

Em7   A7sus4
How long's it gonna be

      Cadd9
Before we get on the bus and cause no fuss?

    D
Get a grip on yourself, it don't cost much.

Chorus 3

    G   G/F♯   Em7 Dsus4
I'm free ___ to be whatever I,

      Cadd9   Dsus4   G   Dsus4
Whatever I choose and I'll sing the blues if I want. ___

Link 1

| G G/F♯ | Em7 Dsus4 | Cadd9 Dsus4 | G Dsus4 ‖

Bridge

B   G   B   G
Here in my mind   you know you might find

B   G   B   F♯
Something that's you, you thought you once knew

           E   G   A E
But now it's all gone and you know it's no fun,

    G   A E   G   A E
You know it's no fun, oh I know it's no fun.

Link 2

| G G/F♯ | Em7 Dsus4 | Cadd9 Dsus4 | G Dsus4 ‖

Chorus 4

    G   G/F♯   Em7   Dsus4
I'm free ___ to be whatever I,

      Cadd9   Dsus4   G   Dsus4
Whatever I choose and I'll sing the blues if I want. ___

G   G/F♯   Em7   Dsus4
Free ___ to say whatever I,

      Cadd9   Dsus4   G   Dsus4
Whatever I choose and I'll sing the blues if I want. ___

Coda

   G   G/F♯   Em7   Dsus4 Cadd9   Dsus4   G   Dsus4
‖: Whatever you do, whatever you say, yeah I know it's alright.   :‖

Outro

‖: G G/F♯ | Em7 Dsus4 | Cadd9 Dsus4 | G Dsus4 :‖ *Repeat to fade*

Where Did It All Go Wrong?

Words & Music by
Noel Gallagher

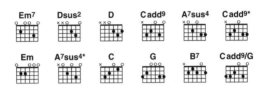

Em⁷   Dsus²   D   Cadd⁹   A⁷sus⁴   Cadd⁹*

Em   A⁷sus⁴*   C   G   B⁷   Cadd⁹/G

Intro | Em⁷ | Dsus² | Em⁷ | Dsus² ||

	Em⁷ D Dsus²
Verse 1	You know that feeling you get,

    Em⁷   **D**   **Dsus²**
You feel you're older than time.

Cadd⁹   **Dsus²**
You ain't exactly sure,

             Em⁷   **Dsus²**
If you've been away a while.

Verse 2
    Em⁷   **D**   **Dsus²**
Do you keep the receipts,

    Em⁷   **D**   **Dsus²**
For the friends that you buy?

Cadd⁹   **Dsus²**
And ain't it bittersweet,

          A⁷sus⁴   **Cadd⁹***
You were only just getting by.

Chorus 1
    Em   **Em⁷**
But I hope you know, that it won't let go,

    Dsus²   **A⁷sus⁴***
It sticks around with you until the day you die.

    Em   **Em⁷**
And I hope you know, that it's touch and go,

    Dsus²   **A⁷sus⁴***
I hope the tears don't stain the world that waits outside.

    C
Where did it all go wrong?

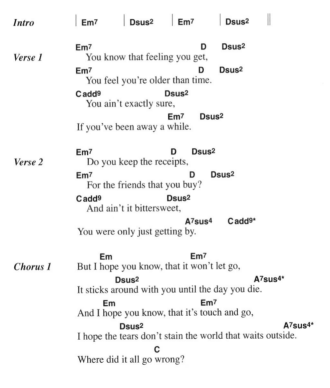

Link | **Em⁷** | **Dsus²**   **Em⁷** | **Dsus²**   ‖

Em⁷   **Dsus²**
Verse 3   And until you've repaid

Em⁷   **Dsus²**
             The dreams you bought for your lies,

Cadd⁹   **Dsus²**
             You'll be cast away

                        A⁷sus⁴   **Cadd⁹***
             Alone under stormy skies,

                        A⁷sus⁴   **Cadd⁹***
             Alone under stormy skies,

                 Em   **Em⁷**
Chorus 2   But I hope you know, that it won't let go,

                    Dsus²   **A⁷sus⁴***
             It sticks around with you until the day you die.

                 Em   **Em⁷**
             And I hope you know, that it's touch and go,

                    Dsus²   **A⁷sus⁴***
             I hope the tears don't stain the world that waits outside.

             Where did it all go (wrong?)

Interlude | **Cadd⁹*** **G**| **D** **Em** | **Cadd⁹*** **G**| **D** **Em** |
             wrong?
             | **Cadd⁹*** **G**| **D** **Em** | **Cadd⁹*** | **B⁷**   ‖

                 Em   **Em⁷**
Chorus 3   But I hope you know, that it won't let go,

                    Dsus²   **A⁷sus⁴***
             It sticks around with you until the day you die.

                     Em   **Em⁷**
             And I hope you know, that it's touch and go,

                    Dsus²   **A⁷sus⁴***
             I hope the tears don't stain the world that waits outside.

                 Em   **Em⁷**
Chorus 4   And I hope you know, that it won't let go,

                    Dsus²   **A⁷sus⁴***
             It sticks around with you until the day you die.

                 Em   **Em⁷**
             And I hope you know, that it's touch and go,

                    Dsus²   **A⁷sus⁴***
             I hope the tears don't stain the world that waits outside.

                            Cadd⁹   **Cadd⁹/G**   **Em**
             Where did it all go wrong?

Who Feels Love?

Words & Music by
Noel Gallagher

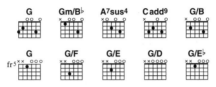

Tune top string down to D

Intro	∣ G	∣ G	∣ G	∣ G ∥

G
Verse 1 Found what I'd lost inside,

My spirit has been purified.

Take a thorn from my pride,

And hand in hand we'll take a walk outside.

Gm/B♭
Chorus 1 Thank you for the sun,
           A⁷sus⁴   **Cadd⁹** **G/B**
The one that shines on everyone who feels love.
          Gm/B♭
Now there's a million years
         A⁷sus⁴   **G**
Between my fantasies and fears, I feel love.

Link	∣ G	∣ G	∣ G	∣ G ∥

G
Verse 2 I'm leaving all that I see,

Now all my emotions fill the air I breathe.

Chorus 2

Gm/B♭
Now you understand that this is

A7sus4   **Cadd9**   **G/B**
Not the promised land they spoke of.

          Gm/B♭
There's nothing more to be,

          A7sus4   **G** | **G**   ‖
If you can be the remedy who heals love.

Instrumental   ‖: **G*** **G/F** | **G/E G/D** :| *Play 3 times*

| **G*** **G/F** | **G/E** | **G/E♭** | **G/E♭** |

| **G** | **G** | **G** | **Gm/B♭ A7sus4** | **G** | **G** | **G** |

‖: **Gm/B♭** | **A7sus4** | **Cadd9** | **G/B**   :‖

Chorus 3

          Gm/B♭
I thank you for the sun,

          A7sus4   **Cadd9**   **G/B**
The one that shines on everyone who feels love.

          Gm/B♭
Now there's a million years

          A7sus4   **Cadd9**   **G/B**
Between my fantasies and fears, I feel love.

Chorus 4

          Gm/B♭
I thank you for the sun,

          A7sus4   **Cadd9**   **G/B**
The one that shines on everyone who feels love.

          Gm/B♭
Now there's a million years

          A7sus4   **G**
Between my fantasies and fears, I feel love.

Outro   ‖: **G*** **G/F** | **G/E G/D** | **G*** **G/F** | **G/E G/D** :| *Repeat to fade*

Wonderwall

Words & Music by
Noel Gallagher

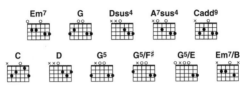

Capo second fret

Intro ‖: Em7 G | Dsus4 | A7sus4 | Em7 G | Dsus4 | A7sus4 :‖

Verse 1
Em7   G
Today is gonna be the day
           Dsus4   A7sus4
That they're gonna throw it back to you,
Em7   G
By now you should have somehow
     Dsus4   A7sus4
Realised what you gotta do.
Em7   G   Dsus4   A7sus4
I don't believe that anybody feels the way I do
           Cadd9 Dsus4 | A7sus4 ‖
About you now.

Verse 2
Em7   G
Back beat, the word is on the street
           Dsus4   A7sus4
That the fire in your heart is out,
Em7   G
I'm sure you've heard it all before,
       Dsus4   A7sus4
But you never really had a doubt.
Em7   G   Dsus4   A7sus4
I don't believe that anybody feels the way I do
           Em7 G | Dsus4 A7sus4 ‖
About you now.

Bridge 1

C   D   Em
And all the roads we have to walk are winding,
C   D   Em
And all the lights that lead us there are blinding,
C   D   G5   G5/F♯ G5/E
There are many things that I would like to say to you
      G5   A7sus4
But I don't know how.

Chorus 1

          Cadd9   Em7 | G
Because maybe,
        Em7   Cadd9   Em7 G
You're gonna be the one that saves me,
        Em7 Cadd9 Em7 | G
And after all,
              Em7   Cadd9 Em7 | G Em7/B | N.C. A7sus4 ‖
You're my wonderwall.

Verse 3

Em7   G
Today was gonna be the day,
      Dsus4   A7sus4
But they'll never throw it back at you,
Em7   G
By now you should have somehow
   Dsus4   A7sus4
Realised what you're not to do.
Em7   G   Dsus4   A7sus4
I don't believe that anybody feels the way I do
         Em7 G | Dsus4 A7sus4 ‖
About you now.

Bridge 2

     C   D   Em
And all the roads that lead you there were winding,
     C   D   Em
And all the lights that light the way are blinding,
C   D   G5   G5/F♯ G5/E
There are many things that I would like to say to you
     G5   A7sus4
But I don't know how.

Chorus 2

          Cadd⁹   **Em⁷** | **G**
I said maybe

      Em⁷   **Cadd⁹**   **Em⁷** | **G**
You're gonna be the one that saves me

        Em⁷ Cadd⁹ Em⁷ | **G**
And after all

              Em⁷   **Cadd⁹ Em⁷** | **G** **Em⁷** ‖
You're my wonderwall.

Chorus 3   As Chorus 2

Chorus 4

          Cadd⁹   **Em⁷** | **G**
I said maybe

      Em⁷   **Cadd⁹**   **Em⁷** | **G**
You're gonna be the one that saves me,

      Em⁷   **Cadd⁹**   **Em⁷** | **G**
You're gonna be the one that saves me,

      Em⁷   **Cadd⁹**   **Em⁷** | **G** **Em⁷** ‖
You're gonna be the one that saves me.

Outro   ‖: **Cadd⁹ Em⁷** | **G Em⁷** | **Cadd⁹ Em⁷** | **G Em⁷** :‖